JN063943

初等・中等教育と特別活動

― 学校における応援活動 ―

金塚 基 著

ムイスリ出版

はじめに

　日本の学校教育は、日本独自のものとして制度化されたわけではなく、海外の国々の教育制度を模倣するなかから今日まで発展してきたといえる。

　学校教育制度の目的とは何か。その回答は、全国民が利用し、関わり合いのある巨大な社会制度であるがゆえに、目的や目標にはさまざまな視角や要因が介在し、一言で言い切ることは困難である。とはいえ、日本の学校教育制度には、他国と比較すれば著しく異なる要素が含まれており、それは単なる模倣ではなく独自の文化的背景が反映された制度として、また、そうであるからこそ社会全体に定着し、今日までの発展を遂げることが可能となったのだろう。

　そうした文化的な特質を背景として発展してきた日本の学校教育の個性的な側面のひとつとして、教科外活動の豊かさが挙げられる。教科外活動は、戦後の学校教育のみならず戦前より教科目以外の学校生活の全体、あるいは学校行事などを通じた学びとして重視されてきた。そして、教科外活動のなかでも最も大きな割合を占めてきたといえるのが、特別活動であり、その学習の大きな特質としては「望ましい集団活動」が展開されることが前提になっている。

　これまで、とくに運動会や各種スポーツ大会などの学校行事から派生したイベントにおける応援活動は、児童・生徒たちの「望ましい集団活動」を統制し促すことができる最大の教育機会であったといえる。児童・生徒たちが主体的に一体感を獲得し、ひとつになって仲間の応援に勤しむことは正しいことであり、そこに大きな教育期待が込められてきたことは否定できない。

　そして、そうした児童・生徒たちの応援活動を牽引する役割をもつ組織こそが応援団といわれる児童・生徒によって組織される集団である。彼らは、その役割達成のために、主体的にさまざまな努力や工夫を凝らして応援活動を盛り上げようと奮闘することが求められ、また、そうすることが当然とされている。さらに、そこで培った応援技術は、しばしば学校スポーツの大会

の枠を超えて多岐にわたって披露されることも珍しくない。

　本書は、このような児童・生徒の応援活動の位置づけを、日本の学校教育課程における教科外活動である特別活動の目的・目標およびあり方に求めたうえで、具体的な応援団の活動事例を紹介・考察することを通じてその理解を深めることをテーマとしている。そのため、目次等で明示してはいないが、実際には第1章から第6章までを学習指導要領に基づいた特別活動の解釈と実践を中心とした第1部とし、第7章から補章までを主に高等学校の応援団の活動事例の考察を中心とした第2部として全体を2部構成としている。

　本書は、新型コロナの流行による雑務多忙下での執筆となり、全体としてのまとまりや一貫性に欠けた記述となってしまった感は否定できない。しかし、第2部において、岩﨑智史氏（東京未来大学）より本邦初となるような実験デザインおよびデータ分析の多大な協力をいただきつつ、なんとか一定の成果を世に報告できたと考えている。よって、多くの人々が応援という活動に改めて客観的なまなざしを向けるようになることを願っている。

　最後に、本書の編集・出版作業を快くお引き受けいただいたムイスリ出版の橋本有朋氏に御礼申し上げたい。

2021 年 3 月 31 日

金塚　基

目 次

第1章
社会の変化とモチベーションの課題

キーワード

モチベーション　為替レート　非正規雇用　自己肯定感　リスクの管理
自己責任　格差社会

1.1　社会変化とモチベーション

　近年、子どもや若年層における学びに対するモチベーションに低下がみられることを懸念する言説が多くみられる。「引きこもり」や「ニート」といった生活様式に関する問題から、「スマートホン依存」「薬物依存」「若年早期退職の増加」「自殺」といった依存症などにかかわる問題まで、学びへのモチベーションの低下と関連すると考えられるさまざまなキーワードがマスコミ上を賑わしている。

　実際に、ニートといわれる若年無業者の割合は、2000年を境にその前後で2倍弱に増加している[1]。また、学校生徒・学生の自殺者の割合についても、同時期で比較すると約3倍程度増加しているといえる[2]。

　ここでいう学びとは、人が社会経済的に自立した生活を歩もうとする過程において、最も基本的で欠かせない活動の1つ（＝学習）を意味している。つまり、古今東西における人間の活動には、常に何らかの学びが存在しており、それなしにはいかなる人間社会の存在もあり得ないといえるような基本的な活動であると考えられる。

---

[1] http://www.garbagenews.net/archives/2089949.html（ガベージニュース HP）
[2] http://www8.cao.go.jp/jisatsutaisaku/whitepaper/w-2015/html/chapter1/chapter1_01_04.html（内閣府 HP）

しかし、そのような基本的な活動であるにもかかわらず（基本的であるがゆえに？）その原動力となる意欲や動機づけといったモチベーションに関与する諸要因は、非常に個別性が高く、かつ、複雑な要因を含んでいるために不透明なブラックボックスとされ続けてきたといえる。

一方、以前であればこうした学習や就業意欲の向上に関するテーマは、それほど問題視されてこなかったといえる。例えば、校内暴力や退学などにつながる非行や落ちこぼれなどが社会問題として高められていた時代などである。しかし、前述したように学ぶ意欲低下の論争、グローバル人材育成の課題、少子高齢化社会を生き抜くといったような、より高度な学習や高い生産性を支える勤労の達成を可能とするようなモチベーションの向上がますます高い関心を集めている。

つまり、今日では子どもから大人に至るまで、学びとモチベーションに対するテーマは共有されるに至っているのである。

では、この学びとモチベーションのテーマがクローズアップされるようになった日本社会の背景にはどのような変化があったといえるのであろう。ここでは、そのうちの大きな2つの変化の側面について言及したい。

① 社会経済における変化

日本が経済大国になった大きな景気となった時期として、高度経済成長期と呼ばれる期間がある。日本の各家庭を含めた経済生活が豊かになり、都市人口の割合が拡大し、多くのニュータウンが都市近郊に建設され、「三種の神器」といわれるような電気製品が日常生活で用いられて生活様式は便利で快適なものとなっていった。個々の家庭生活のみでなく、地域社会全体としても道路や交通機関、レジャー施設などのインフラが整備され、人・モノ・カネの流通が加速していったわけである。

こうした日本経済の発展を支えた要因のうちで無視できないのが、国内における電気製品のみならず自動車などの生産労働により、製品を海外の先進諸国に輸出することで得られた大きな利潤とそれを支えた勤労意欲であったといえる。そこでは、人がなんらかの労働分野でまじめに職務を果たすこと

が、結果として主要な産業の利潤の獲得につながっていたのであり、労働に対する報酬は倍増し対価として支払われたのである。

　会社などの事業所は、与えられた業務にまじめに取り組む労働者に対してそれに応じた報酬を事業所全体の利益から分配し、それを得た労働者は自分の家庭生活を豊かにするために、不動産やさまざまな消費財の購入に充てる。それによってモノは売れ、今度は社会の経済活動の潤いが維持され、国全体の経済生産活動が再生産されていく。オイル・ショックなどの紆余曲折はあったが、1980年代半ばになると「カネ余り」を背景に日本社会の経済活動はそのバブル期を迎えることとなる。

　この時期では、日本の労働者たちの勤労・勤勉性は国際経済社会の市場において優位に働いた時期であったといえる。国際経済において相対的に低い円の為替レート（＝低コスト）によって、安価で高品質な製品を国際市場に供給できたことが、日本企業の経済的利潤の獲得に大きな役割を果たしていたわけである。しかし、そうした状況が一変したのが1985年の「プラザ合意」以降であり、これを契機に以後の日本円と米ドルの為替レートに劇的な変化が生じたのであった。1970年代を通じて、それまで1ドル250円前後で推移していた為替レートに、急激な円高傾向が発生し、1ドル150円から100円あまりの推移が定着するに至っている。例えば、プラザ合意直前の1985年1月では1ドル約260円であったが、2011年11月には1ドル約75円の為替レートとなっている[3]。その間のドルに対する日本円の価値を比較すると、約3.5倍に上昇したことになる。

　よって、このことを単純に考えると、アメリカ社会における日本人の労働者の人件費が、3.5倍に上昇したと捉えることができる。つまり、それまで海外市場で優位を占めてきた日本国内生産の製品のコストは大幅に上昇せざるをえなくなったのであった。したがって、海外に工場や営業所を移転させ、日本人労働者を雇用せずにより安価な海外の労働者を用いることによってコストダウンを図るという展開が一般化されるようになっていった。

---

[3]　野北晴子「日銀の異次元緩和と円安」『広島経済大学経済研究論集』第36巻第4号、2014年3月、31-32頁。

　このように、円高の進行によって日本の海外市場における競争力は低下し、それを食い止めるために多くの企業が国内から海外にその生産拠点を移転していった。そして、その動きと並行して日本人労働者の働き方に変化が生じたが、そのうちで最も大きいものが非正規雇用枠の増大といえる。労働関連法規の規制が撤廃され、多くの労働分野で正規雇用ではない非正規雇用（パート・任期つき雇用制）といった雇用形態が増えることによって、国内での人件費の大幅な抑制も可能となっていった。また、それにともないそうした非正規雇用の労働者を集約して各事業所に派遣することを主要なサービスとする人材派遣業の企業が乱立することとなった。

　非正規雇用労働者として働く人材は、当初はそれ以前までは事業所などで就労していなかった家庭の主婦層の労働への参入が中心であったが、徐々に若年層を含む女性、そして男性層にも拡大していった[4]。彼らは正規雇用の労働者と比べて格差的な低賃金、かつ、福利厚生の存在しない待遇で勤労し、その生活水準は貧困に喘ぐものとなっていく。

　この非正規雇用労働者層の派遣を担う人材派遣業の発展は、ある意味で人材販売業の発展であり、ゆえに、それは国内労働者における階層分断の出現であるといえるだろう。それまでは、労働者は一致団結して海外市場の開拓を目標に製品を製造・販売することが目標とされてきた。しかし、円高による人件費の高騰により、国内の人件費もできるだけ低く抑えることが必要となり、人材派遣会社が設立された。つまり、安価な国内の人材を販売するシステムの構築により、モノ（製品）からヒト（人材）への供給サービスのシフトがみられる。

　言うまでもないことであるが、モノはそれ自体で意思をもたないし、不良品であれば交換・処分すればよく、例えば自動車であれば平均耐用年数は十数年程度でその役目を終える。しかし、ヒトは労働力としての人材である以前に、基本的な義務と権利を有して社会を構成するメンバーであり、また同時に、個々の家族のなかで一定の役割・責任を担う生き物である。

---

[4]　金明中「非正規雇用増加の要因としての社会保険料事業主負担の可能性」『日本労働研究雑誌』No.659、2015 年 6 月、28-29 頁。

　非正規雇用の職業労働における固定化された格差は、そうした個々人の勤労意欲の低下を招いていく。限定された労働現場ならびに労働期間、そして職場を通じた人間関係形成の機会の不連続性あるいは喪失は、かなりの確率で本人の勤勉・勤労のモチベーションを低下させていくのである。また、保健制度の不備により、不況や病気、怪我などにより雇用労働からの脱落が容易になってしまい、結果として生活保護等の社会福祉に依存していかざるを得なくなっていく。個々の家庭生活に対する向上心や意欲にも悪影響が与えられれば、家庭生活の破綻にもつながる。ここに格差社会の本質を垣間見ることができよう。

② 生活環境における変化

　日本社会では、高度経済成長期を通じて都市部と農村部の人口比率が３：７から７：３に逆転した[5]。これにより、都市部に新たに建設された団地やニュータウンなどの地域社会はそれまでの文化や歴史を有していないため、住民が生活していくための空間としては大きな空白を抱えざるを得ない。そうした不安的な地域社会における最も大きな犠牲者は、そこで生まれた子どもや学齢期にある若年層である。昭和の後期には少年非行における暴力や学校を巻き込んだ抗争などの事件・事故が多発したのは、このような事情と密接な関連があると考えられる。

　都市部の地域社会が一定の期間を経て少し落ち着いた平成期以降では、交通機関のみでなく、社会の情報・通信関連のインフラが高度に発達して間接的なコミュニケーションが取りやすくかつ身近になり、膨大な情報のやり取りが自宅に居ながらにしてできるようになった。しかし、パソコンやスマートホンの所有が普及し、人々に俊足な情報伝達を可能とさせた生活様式は、一方ではリアリティの喪失をもたらすことになる。これは、個々人にとってはバーチャルな生活世界領域の拡大とも捉えることができる。

　こうした社会の大きな変化の最も大きな影響を受けるのは、前例と同様に学齢期を含めた若年層である。現実世界での集団遊びなど、これまでの子ど

---

[5] https://www.maff.go.jp/kanto/nouson/sekkei/kagaku/henbo/06.html （関東農政局HP）

もの発達において重要とされてきた時間は、自己肯定感や自己効力感などの自立に向けて欠かせない要因を育んできたといわれる。しかし、バーチャルな遊びを促すアイテムによってこれらの時間と活動内容が浸食されていくことにより、子ども期における直接体験の貧困、人間関係の希薄化が進み、自行肯定感・効力感の低下が招かれていくと考えられる。

　直接的なコミュニケーションや現実世界と比較して、間接的なコミュニケーションやバーチャルな空間は、情報量が圧倒的に少ないことが特徴である。例えば、視覚、聴覚、嗅覚、触覚などの五感をフルに活動させておらず、また、リアルな事故や怪我などの突発・偶発的で与えられる影響の大きな出来事も抑制される。そのため、そこで培った経験は、そうでない直接的な現実世界における経験と異なり、得られるパフォーマンスや学習効果が弱いことが問題になると考えられる。

　そして、自己肯定感や効力感の低下は、なにか新しいことに挑戦する積極的な意欲、タスクに対する興味・関心をもてないことや意味づけの低下につながっていく。つまり、主体的に学ぶモチベーションの低下に向かっていくことになる。

　このような学齢期の子どもの生活環境における変化がもたらしてきたことに対して、最終学歴段階となる大学等の高等教育機関では、近年の教育プログラムを以前とは大きく変えている学校が増えている[6]。例えば、初年次教育を充実させ、大規模クラスの授業を少なくして小規模化し、演習科目を 1・2 年生の段階から必修化するといった傾向である。さらには、体育祭や文化祭のような大学行事への参加や事業所におけるインターンを必修とするといった教育対策がみられる。

　これらの諸プログラムの変化は、入学者の学習のモチベーションの低下に対処し、留年や退学者を少しでも減らし、かつ、就職率を向上させることを目的として学校経営に位置づけられている。言いかえれば、大学の授業や教育内容にリアリティを醸しださせることにより、知識や技能の修得に対する

---

[6] 山田礼子「大学の機能分化と初年次教育」『日本労働研究雑誌』No. 629、2012 年 12 月、31–33 頁。

学習のモチベーションを維持・向上させようとする試みとも考えられる。

　また、本来であれば入学以前にすでに直接的な経験や学習のなかである程度身につけていると思われてきた汎用的な知識やスキルが不足している学生が増えたと考えられている。よって、リメディアル教育の一環としてこのような実践的な知識・技能として認識されるよう働きかけるプログラムが設置されるようになったともいえるだろう。

　そもそも学齢期の若年層の社会的役割・身分は、児童・生徒・学生としてのそれである。つまり、社会人といわれる成人と比較した場合には、現時点における自己責任ならびに権利が制約されているといえる。子どもの権利として学齢期の児童・生徒は保護されているわけであるが、ゆえに、成人と同様に犯した犯罪を裁かれることもなく、保護者や親の承諾を必要とする社会活動も多い。

　したがって、その社会的役割・身分のあり方は、特定の視点からいえば単純化、無能力化、無責任化される傾向が強くなっている。そこから考えれば、学齢期の若年層にとっての学びのモチベーションとは、自己の将来に向けることに特化したモチベーションとして位置づけることができる。つまり、これまでのように日本社会で若者の高学歴化が進むほど、人生におけるそうした社会的役割・身分での期間の長期化が高まり、学習モチベーションの低下傾向が促進されるという逆説が生まれることになる。

1.2　モチベーションの発生要因とリスク管理

　学びに向かうモチベーションがいかに発生するものであるか、そのプロセスは前述したように複雑で個別性が高く、また、実験などによって再現することも困難である。よって、現時点ではこのテーマに対して一般論に依拠するより他はないといえる。一般論としても、これまでに多様なレベルでさまざまな理論や解釈がなされているテーマであるが、ここではリスクの管理という側面からこの問題にアプローチしたい。

　ここでいう学びのモチベーションとは、自主的に努力して学習活動に取り組むモチベーションを指しているが、最初にその発端（きっかけ）となる動機づけが発生要因として第一に重要と考えられる。まず、リアルな生活世界における直接体験から得られた動機づけこそが、最もインパクトのある動機づけの要因となりうる。そして次に、当人が自己のためにその学びが必要であると解釈し、生活におけるリスクの管理に対処するという目的から生ずる動機づけであることが、よりモチベーションが高められた学習の行為となる可能性がある。

　例えば、2011 年 3 月の大震災後における人々の行動様式には多くの変化が起きており、そのなかでも 7 割近くの回答に「ニュースを見たり聞いたりすることが増えた」という知見が得られた社会調査の結果がある[7]。これはつまり、大地震を経験したことにより、それまで気にしていなかった社会問題に興味・関心が広げられた（＝動機づけ）結果、関連する行動（＝学習）につながっていったことの典型であろう。さらに、こうした災害は個人の生命のリスク管理にもかかわる問題であるため、学びのモチベーションが高められた社会的な事例と考えられる。

　その他にも、例えば仕事や生活における何らかの心配や不安を抱えている状態が、それに立ち向かって尽力する動機づけとなり、それによって学びのモチベーションを向上させているような例は多くみられる。一流のスポーツ選手や経営者、身近な例では受験勉強に勤しむ人などであり、彼らの学びの活動を支えるモチベーションの出所は、自分の人生におけるリスクに対する不安や心配をコントロール・管理するプロセスに存在していると考えられる。

　しかし、以上のような説明では、本章の冒頭で示したテーマである、学ぶモチベーションの低下の論争が近年になぜクローズアップされたのかという問題に対する答えはまだ見えてこない。確かに前述したように、生活環境の変化において直接体験の貧困化や人間関係の希薄化により、自己肯定感・効力感の低下から学ぶモチベーションの向上がみられなくなったといえる。

　つまり、学びに向かうモチベーションの高さが、直接的な経験に基づいた

---

[7] https://prtimes.jp/main/html/rd/p/000000054.000000692.html （株式会社 PR TIMES HP）

生活上のリスクへの対応から発生する傾向が強いということである。しかし、そうであれば、将来的に多大なリスクを抱えた非正規雇用労働者自身や、社会経済の変化をみながら、そこに身を投じないよう大勢の生徒が勉学に励むなど、学ぶモチベーションの向上がみられるはずである。世の中が不安定になり個人の抱える生活上のリスクが高まれば高まるほど、全体的に若年層の学びに対するモチベーションも上がるべきであるのに、そうなっているとは考えられていないから、問題として位置づけられているのである。

1.3 リスク回避策の変化

それでは、なぜ学ぶ意欲といったモチベーションの問題が注目されるようになっているのか。ここでは、モチベーションの格差が進行したことを有力な仮説として提起したい。つまり、非正規雇用労働などの社会経済的格差と同時に、あるいは、さらに深刻な格差としてモチベーションの格差が発生してきたというものである。

すでに、人の学ぶモチベーションの状態がリスクの管理と密接に関連していることに言及したが、そのリスク管理の方向、あり方自体に大きな変化が起きてきた。そして、それらのリスクへの対応策の変化が、モチベーションのあり方、格差をより甚大な社会問題として変質せしめたと考えられる。

人が生きていくためには、その個人の生活に危機を与える可能性＝リスクを回避していくことが必須であるといえる。端的には、飢えや病気、事故、災害、経済的破産といったもののみならず、進学・就職、出産、人間関係などの見えないものにもリスク要因が存在するといえる。一般的に、私たちはそのような先の危機可能性を排除するために、日常的に回避に向けて努力しようとしている。そうした回避策にはマクロなものからミクロなものまでさまざまであるが、マクロなものには共通性が高い。

例えば、性別により少し異なる話ではあるが、ひと昔まえまでは学校卒業後、安定した事業所に勤務して定給与を取得し、結婚して家族を再生産し、定年後に退職金や年金を得て暮らしていくことが無難な進路とされてきた。

　しかし、近年では大学を卒業しただけでは安定した事業所には就職が難しい
だけではなく、安定していると思われる事業所自体の経営が、実は不安定で
あったり不況に見舞われたりすることは稀ではない。

　また、とくに女性の場合が顕著であるが、結婚することで生活が安定する
とは言い難く、配偶者の経済的生産性や自分の就業と家庭生活との兼ね合い、
ワークライフバランスのとり方など、先の見えない状態が続くことになり、
破たんをきたすことも多くなっている。

　さらに、高齢期の年金などの事情については、急激な少子高齢化社会の到
来により、将来受給額の大幅な減額が不安視されてもいる。つまり、以前の
日本社会であれば生涯におけるリスク回避策として一定のモデルを形成して
いたものが、近年では多くの若年層に対して説得力のないモデルになり下が
ってしまったといえる。これまでの定説モデルとされ、リスク管理の客観的
な指標とされていたものが、不透明化していったのである。

　これをもう少し具体的にみてみよう。日本社会では、これまで数多くの企
業が設立されてきた。しかし、1980〜2009 年に創設された企業の創設後経過
年数ごとの生存率の平均値をみると、起業した後、10 年後には約3割の企業
が、20 年後には約5割の企業が退出している[8]。これによれば、新規設立さ
れた日本の企業のうちの約半数が、20 年後には経営に行き詰まり倒産を余儀
なくされていることになる。

　では、一般に安定した家庭を築くために不可欠であると思われている結婚
制度についてはどうであろうか。これに関する端的な回答データは見あたら
ないが、全国の役所などに申請される結婚件数を分母とし、逆に申請された
離婚件数を分子とした統計データの変遷の結果がある[9]。それによれば、過去
から近年に至るまで数値の上昇傾向がみられており、近年では 0.4 の値に届
きそうな勢いである。このことは、100 組の結婚申請がある一方で 35 組以上
の離婚申請が発生するようになっていることを示している。

　なお、その大きな結果としての社会問題となっているのが、ひとり親世帯

---

[8]『中小企業白書 2011』中小企業庁、2011 年、187 頁。
[9] http://www.garbagenews.net/archives/1219043.html （ガベージニュース HP）

の増加である。日本におけるひとり親世帯数は、国内の少子化傾向にもかかわらず、平成 10 年から平成 23 年の間に 35 万世帯も増えている[10]。ひとり親世帯に対する社会のセーフティネットの不足により、いわゆる子どもの貧困の温床や教育環境の崩壊が招かれる。

　一方、男女ともに晩婚化が指摘され、とくに男性の生涯未婚率が上昇しているといわれているが、それは逆からいえば結婚に対して慎重になったことの裏返しであるともいえる。近年、婚活ブームといわれるような、結婚適齢期以降の男女のお見合いを促進させる事業所のサービス活動が盛んに出てきている。しかし、そうした事業所のサービスを利用しながら成婚を果たしている利用者は、全体の 1 割前後にしか過ぎないといわれる[11]。つまり、サービスを期待しても思い描いていたような結果は必ずしも得られておらず、一方でその活動に費やす時間と経費の消費は膨大であるとも解釈できる。

　安定した家族との家庭生活が望めないのであれば、1 人で暮らして生涯を終えなければならないことも現実的な選択肢となる。単独世帯を支える大きな柱となるのが、国の社会保障制度である。これらにかかわる費用は、雇用労働者であれば毎月の給与から天引きされ、そのかわりに退職後の高齢期に年金が支払われ、介護や医療費などの支出が軽減される制度ができている。ところが日本社会の少子高齢化によって、これらの制度には世代間格差といえる状況が発生する見込みである。

　参考データによると、1955 年以降に生まれた人は平均して、受け取る介護・医療・年金金額よりも支払った金額の方が多くなるという赤字が発生し、例えば、1995 年生まれで生涯収入約 3 億円の正規雇用労働者であった場合、平均して約 3500 万円の赤字であるとの推計がなされている[12]。つまり、この世代では平均 3500 万円分の保険料が掛け捨てとなることが見込まれているのである。

---

[10] http://www.gender.go.jp/about_danjo/whitepaper/h28/zentai/html/zuhyo/zuhyo01-04-06.html（内閣府男女共同参画局 HP）

[11] 『少子化時代の結婚関連産業の在り方に関する調査研究資料編』経済産業省、2006 年、7頁。

[12] http://www2.ttcn.ne.jp/honkawa/2910.html（社会実情データ図録 HP）

　さて、それではモチベーションの維持や向上と密接な関係を有するリスク管理のあり方について、過去とは異なる点がなにかを振り返りたい。近年におけるリスク管理のモデルに生じた変化とは、それに対する客観的な保証が失われたことにある。家柄や学歴、就業先事業所の安定性、結婚による家庭生活の安定、高齢期の生活保障といったものに、もはや客観的な保証の要因を見いだすことが困難となり、不確実・不透明性が高められてしまった。そして、客観的な保証が失われると同時に、一方で増加したキーワードが「自己責任」である。

　この自己責任とは、具体的に言えば何らかのリスク管理を期待し、モチベーションを向上させるなり、あるいは期待できずにモチベーションを下げてリスク管理を怠ってきたなどを含め、いずれにせよ自分の選択行動によって与えられた結果に関しては、個々人の責任であるという論理である。前述のように、今日の日本社会におけるリスク管理のあり方には、客観的で明確な回避モデルを見いだし難くなっている。

　山田雅弘（2004）によれば、以前の近代社会では、人々は危険な要因を囲い込み、それ以外の安全要因をある程度一定のラインで区別するように生活してきたという。もちろん、実際のところ、その線引きが正しかったかそうでないかは不明であり、例えば迷信や誤った学説なども利用されていたに違いない。しかし、社会通念の方向性として、一定のラインが整理されており、大多数の人々はその境界線に従ってリスク管理のモデルを思い描くことができたのではないだろうか。

　ところが、今日の社会ではリスク管理上の危険な要因と安全の要因との境界線が曖昧、あるいは消失してしまったことにより、個人が何を信じて努力をすればよいのか不明確な傾向が進んでいる。社会変化は急激であり、予測不能といってよい。安全な進路選択をしてきたつもりが、後先になれば大いなる失敗につながっていたという思わぬケースが多発していくと考えられる。しかし、どのような結果につながろうとも誰も保障してくれないどころか、少子高齢化により社会福祉制度も脆弱なものとなっていく。頑張りたいけれども、何をどう頑張っていけば良いのかという迷いや、選択の失敗から逃れ

る確証をもてないことにより、モチベーションの維持・向上自体の危機に陥るケースも多くなっていると考えられる。確かに社会は発展し、通信技術をはじめさまざまな産業分野が開花しており、それでどのようなリスク管理を行っていくのかに関しては、以前よりも沢山の選択肢が存在している。とはいえ、そこで何をどう選択しどのようにモチベーションを向上させていくのか、あるいはいかないのかを含め、それは個々人の自己責任における問題とされるようになっている。

1.4 自己責任とモチベーションのあり方

　さて、今日におけるリスク回避策の変化の違いを改めて具体的にまとめてみよう。以前の日本社会なら、有名ブランド大学などに入学することが、卒業後の就業先となる事業所の安定レベルや収入などと相関する傾向が強かった。しかし、今日では長期間にわたる厳しい就職活動やその過程でスキルを培うことにより、ようやく就職先が成就するといっても過言ではない。つまり、有名大学に入っただけでは、その後の就業先までは特段の保障があるわけでは決してなくなった。この傾向は、司法試験や税理士資格試験などを受験して合格した場合にも同様にあてはまるようになっている。入学後もしくは資格取得後の競争にさらされ、そこで再び頑張らなくてはならないのである。

　そして、就職後に実務に就くわけであるが、そこでもやはり時として熾烈な競争が待ち受けている。出世コースから外されないために頑張らなければならないといった状況であるならまだ良く、ブラック企業と呼ばれる強権的な経営者とその管理職に違法な労働条件を突きつけられながら働いていかざるを得なくなったケースはもはや珍しいことではなくなっている。

　そして、家庭生活の再生産のスタートラインと考えられる結婚についても、前述のように、配偶者選びから競争が始まっているといえる。また、そこで幸運にも良き配偶者と家族を築き上げ、子どもが生まれたとすればそこで今度は子育て（教育）をめぐる競争が始まっていくのである。庶民の経済生活

が潤わず消費が上がらないとしばしばいわれているが、家計における子ども
の教育費だけは年々上昇してきており、1人あたり（0〜18歳）の年間教育費
の平均は37.1万円（2015年）にもなっている[13]。

　さらに、そうして迎える人生の高齢期には、低い年金額によってお金が足
りなければ資産形成のために高齢者でも労働に励まなければならなくなるし、
あるいは運用する幾ばくかの資産があれば運用努力を怠るわけにはいかなく
なる。まさに、個人は一生涯にわたって経済的な自己責任から逃れられず、
結果として競争していくことを方向づけられているといえる。この生涯を通
じて直面せざるを得ない競争的な領域の拡大こそが、以前と比較した場合の
今日の日本社会の大きな変化である。そして、この自己責任を放棄できずに
巻き込まれている競争社会を生きるために必要不可欠なのがモチベーション
の向上であると考えられる。

　以上のように一般的な個人における自己責任の領域が拡大し、その対処に
向けて競争的にモチベーションの向上が求められる社会の到来は、ある一定
の視点からみれば日本の社会史上では初めてといえる。

　江戸時代では、個人は性別、所与の身分や家制度などに従い、与えられた
家業や技能を継ぐことが運命づけられていることがほとんどであり、それ以
外の道や選択肢はなかったといえる。つまり、自己責任は与えられておらず、
封建社会のなかで、むしろいかに忍耐、我慢を駆使して受容することが問わ
れていたといってもよいだろう。

　明治期以降、日本では立身出世というキーワードの流行とともに学歴社会
が到来したといわれている。個人はその生まれではなく、勉学に励んでその
努力によって家柄を飛び越すような出世を果たすことが可能になったという
ことで、画期的な時代に入ったといえる。しかし、留意しなければならない
のは、そうした教育達成による学歴修得の進路が開かれているのは、一部の
家庭の子どもたちのみであった点である[14]。仕事や家の手伝いをおろそかに

[13]「子どもの減少と相反する一人あたり教育費の増加」『経済のプリズムコラム No.16』
https://www.sangiin.go.jp/japanese/annai/chousa/keizai_prism/backnumber/h30pdf/201817005.
pdf（参議院HP）
[14] 郭潔蓉・田中真奈美・金塚基『グローバル教育の現在』ムイスリ出版、2015年、74-78頁。

して毎日学校に通学し、勉強に励むような家庭環境を有する子どもは全体からみればまだまだ一部に過ぎなかった。よって、大半の子どもたちにとっては、相変わらず家業を継ぐことや、家業の労働力として酷使されるなど自己責任による人生開拓など存在していなかったと考えられる。

　主に、教育達成により自分の人生を選択することがある程度一般化したのが、高度経済成長期以後であるといわれる。1970年以降から急激に高等教育進学率が高まり、社会経済の発展により就業機会・職種などにも多様性が生まれることとなった[15]。子どもは将来、自分が就きたい仕事に対する夢を描くことが可能となり、また、家庭の経済的な豊かさによって、大学等への進学機会を実現できることが多くなっていった。こうした環境のなかで、ようやく自分の将来に対する選択肢をもつことが可能となり、それに向けて努力（＝競争）することが求められ、また、その結果に対する一定の自己責任が生じるわけである。

　一方、1980年代後半になるまではそうした選択肢やそれをめぐる競争、自己責任を付与されない集団も存在していた。少なくとも男女雇用機会均等法(1985年)が施行されるまでは、女性にはこうした自己における進路選択やそれにともなう競争社会および自己責任から依然として一定の距離を保っていたといえる。学校卒業後に就業を経て結婚・出産し、退職後には主に育児・家事労働に従事するいわゆる専業主婦として人生を歩むライフコース以外を選択することが困難とされた時代が短期間ではあったが存在していた。そうした社会では、家庭の専業主婦ではなく職業労働で活躍することを有力な選択肢とすることはあまり重視されていなかった。ゆえに、女性は競争社会を生き抜くためのモチベーションの向上や自己責任といったルールから疎遠にされていたわけである。

1.5 格差社会の浸透とモチベーション

　今日の日本社会では、老若男女問わず誰しもがその時々の人生のステージで生きるためにより高いパフォーマンスを求められるために、学びのモチベーションの向上が求められている。しかしその一方、冒頭で述べたようにモチベーションの減退傾向が明らかになっている。

　ここでいうモチベーションの減退とは、生きるために学ぶ意欲がない、あるいは少ないことであるが、言いかえればやる気や活力、あるいは希望自体を喪失している状態を指している。この要因として考えられるのは、努力が報われないかもしれないという不安など、そもそも自己責任をともなう選択行動に対して自信をもてないことのあらわれであろう。

　繰り返しになるが、今日の社会では、学校や進学選択、就職や結婚、出産などの行動選択には予測困難な不確定要因が多く存在する。それにもかかわらず、結果としての負け組と勝ち組とが表面化するようになっているため、そうしたシビアな環境に耐えられなくなり精神を病んでしまうケースも多く発生していると考えられる。

　一方で、必ずしも大半の子どもを含めた若年層が不安感に駆られて学ぶモチベーションを下げているわけではない。なかには現在のように利便性が向上した社会環境を活用して、以前では考えられなかったような自己実現に突き進むことが可能となり、結果として勝ち組となる事例が存在している。とはいえ、前述したように人の生活過程や個性は多種多様で複雑であるがゆえに、どのような要因が多くの子どもに学ぶモチベーションを高めるのか、そこに一律・共通性を見いだして、具体的に教育プログラム化していくことは、まだかなり困難であるのが現状といえる。

　しかし、一方で私たちはその問いとは反対の方向の問い、つまり学ぶモチベーションを低下させる要因に対して、一定の共通性を見いだす回答を継続的に考えて問い続けることも可能である。さらに、少なくともそのような要因に打ち勝てる、あるいはそうでなくともマイナスをゼロに戻すことが可能となるような方法を用いて行動していくことが重要となるのではないだろう

か。

　日本社会に浸透した「格差社会」というワードは、もちろん以前ではほとんど用いられることはなかったが、これを今日の若年層に関して適用する場合、そのほとんどはその生まれ育った家庭の貧困に代表される貧困の要因を示している。そして、前述のようにひとり親世帯や両親の失業といった経済的側面に注目が集められている。しかし、将来を生きねばならない若年層にとっての主要な貧困の要因とは、学ぶモチベーションの低下ではないだろうか。社会全体における学ぶモチベーションの格差の状況の存在こそが、本章で問題テーマとした、モチベーションが社会的に取り上げられるようになった背景ではないかと考えられる。そこで、その背景となる家庭の貧困要因について具体的に説明したい。

　家庭の貧困には3つの要因があると考えられる。1つ目が、先述した経済的あるいは物質的な貧困であり、一般的に必要な衣食住や学費などを支弁することができない程の収入の不足である。純粋にこの要因のみがネックになっているのであれば、金銭的な補償のみで即座に貧困は撲滅されよう。

　2つ目が、文化的な貧困であり、家庭内の文化（書籍／通信設備／親の教育水準／慣習行動／人間関係）に関するものである。これは、端的にいってしまえば、何が望ましく何が望ましくないかにかかわる価値基準や尺度を子どもに伝達し、また日常生活において実践させるシステムの環境である。このシステムが子どもの自立に向けた学習の観点から適切なものであり、かつ適切に実践させるよう働いているのであれば文化的貧困には陥らない。しかし、そうではない方向に向けて機能してしまっている場合にはそれは文化的貧困といえる。

　3つ目が、環境的な貧困であり、親の長時間労働や親を含めた世帯員の心身の病気、あるいは虐待・酷使によって、日常生活における子どもの心身の消耗が激しく、疲労感などにより将来に対する意欲や期待がもてなくなるような状況を指している。

　以上のような3つの貧困要因は、実際の家庭の貧困状態に照らし合わせてみると、それぞれが独立して存在しているわけではなく、重複していること

もある。いずれにしても、これらはそうした家庭で幼少期から過ごさざるを得ない子どもの学ぶモチベーションを阻害する要因であり、そのメンタリティやパーソナリティにも大きな影響を与えうることは想像に難くない。

しかし、現実を振り返ってみると、これら家庭の貧困要因とまったく無縁な家庭がどれほど存在するであろうか。例えば、お金があっても家族との時間を全く持てず、関心も持てないような切迫した労働条件の親の家庭や、物質的にも文化的にも恵まれているが世帯員の一人が重度の病気や障害を患っており、それに全員がかかりきりにならなければならないような家庭はめずらしくないともいえる。さらには、現時点で無関係であっても特段の社会福祉制度でも施行されない限り、10年先には自分の家族や家庭がどうなっているのかは誰にもわからないような問題であるといえる。つまり、程度や種類の差はあるにせよ、それらは誰にでも起きる可能性のある一般的な貧困の問題であるといえる。

1.6　学校の教科外活動とモチベーション

さて、学ぶモチベーションの減退とは、家庭の貧困という客観的な尺度を用いて捉えると一定の共通性があり、それは誰の身にも起きる可能性のある問題であることが理解されるわけであるが、ここではそれを少しでも打開するセーフティネットとして、おおよそすべての日本に居住する子どもが受けている、あるいは権利を有している学校教育の可能性に期待したい。

少なくとも、日本では学校に通学することが困難な子どもに対し、さまざまな福祉的支援に関する制度が機能し得る。義務教育である小・中学校は言うにおよばず、高等学校への通学に関しても授業料その他の支援サポートが開かれている。だからこそ、学習指導要領には小・中・高等学校までの教育課程のものが規定されているといえる。

学校教育の領域において、家庭の貧困その他による学ぶモチベーションの減退・消失を予防し、その将来に向けた希望や準備に自らを費やすことのできるような人間性の発達を促すことのできる最も大きな可能性をもつ領域は、

教科外活動といえるのではないだろうか。教科外活動には、他の教科目のように客観的で厳密な評価基準はあり得ないが、その反面、個人の主体性や個性、学ぶモチベーションのあり方を最も反映させることが可能であり、また、将来の自立に備えるための学習活動の領域として最も実践的な性質を備えていると考えられる。

　そのような側面に照らし、家庭内外の環境において困難な状況が存在しているのであれば、学校の生活環境でそれらを補えるような活動時間として、教科外活動が機能し得ることが、本書の視点の１つである。もちろん、貧困要因が見あたらない家庭においても、学ぶモチベーションを育むまでには至らないようなさまざまなケースも多々存在するであろうが、いずれにせよ日本社会全体のモチベーションを底上げするというマクロな視点に立つことが、注目されるようになった学びに対するモチベーションの向上に糸口を与えるための一歩であるといえよう。

第2章
教科外活動における特別活動の目標

教育基本法　学校教育法　教育課程　教科外活動　総合的な学習の時間
特別活動の目標

　本章では、学校教育課程の目的・目標において、特別活動がどう位置づけられているのか、そのあり方について考察したうえで、特別活動の目標について理解するものとする。そのために、まず学校教育の基本的な目的ならびに目標の方針について学びながら、教育課程の1つである教科外活動の意義について理解・把握することが重要である。そして、特別活動の指導の基本となる目標、指導内容およびその方法における特質と方向性について自分なりに理解できるようになることが目標である。

2.1　学校教育の目的・目標と教科外活動

1．教育の目的と目標

　日本の初等・中等教育では、各段階の学校に応じた教育の目的と目標が設定されているとともに教育課程が立てられている。教育の目的とは、より広義の視点からみれば少なくとも日本社会の再生産のために重要なものであり、そのために必要となる知識や技能、考え方などを子どもに伝達していくことに他ならないが、そのためには多くの目標を立てることが前提となる。日本の法令上で定められている教育の目的は、各種法令ならびに各学校の種別に応じていくつかに分かれて存在している。よって、ここでそれらをまとめて整理したい。

　まず、義務教育の目的として、教育基本法の第 5 条 2 項では「各個人の有する能力を伸ばしつつ社会において自立的に生きる基礎を培い、また、国家及び社会の形成者として必要とされる基本的な資質を養う」とされている。この目的内容は、義務教育課程である小・中学校に対応しているためその適用範囲も広く、社会の維持と再生産を担う成員としての役割を意識した最もシンプルかつ重要な目的となっている。

　また、学校教育法では、小・中・高等学校の各段階の学校における教育の目的について、それぞれが規定されている。学校教育法第 29 条では、小学校教育の目的として「心身の発達に応じて、義務教育として行われる普通教育のうち基礎的なものを施す」とされているが、同法第 45 条の中学校教育の目的としては「小学校における教育の基礎の上に、心身の発達に応じて、義務教育として行われる普通教育を施す」とされている。そして、高等学校教育の目的として同法第 50 条では、「中学校における教育の基礎の上に、心身の発達及び進路に応じて、高度な普通教育及び専門教育を施す」とされている。

　以上のことから、法令上の教育の目的とは、第一に教育を「施す」ことであると考えられる。一方、何をどのようにという要素の多くの部分は、「目的」にではなく「目標」と呼ばれるもののなかに含まれるようになっている。そして、義務教育の目標として、学校教育法第 21 条では以下のように定められている。

①自主、自律及び協同の精神、規範意識、公正な判断力並びに公共の精神に基づき主体的に社会の形成に参画し、その発展に寄与する態度を養う
②生命及び自然を尊重する精神並びに環境の保全に寄与する態度を養う
③伝統と文化を尊重し、それらをはぐくんできた我が国と郷土を愛する態度を養うとともに、他国を尊重し、国際社会の平和と発展に寄与する態度を養う
④家族と家庭の役割、生活に必要な衣、食、住、情報、産業その他の事項について基礎的な理解と技能を養う
⑤読書に親しませ、生活に必要な国語を正しく理解し、使用する基礎的な

　能力を養う

⑥生活に必要な数量的な関係を正しく理解し、処理する基礎的な能力を養う

⑦生活にかかわる自然現象について、観察及び実験を通じて、科学的に理解し、処理する基礎的な能力を養う

⑧健康、安全で幸福な生活のために必要な習慣を養うとともに、運動を通じて体力を養い、心身の調和的発達を図る

⑨生活を明るく豊かにする音楽、美術、文芸その他の芸術について基礎的な理解と技能を養う

⑩職業についての基礎的な知識と技能、勤労を重んずる態度及び個性に応じて将来の進路を選択する能力を養う

　以上を概観すれば、「養う」ことおよび「図る」ということが、具体的な教育の目的にあたると考えられるが、「何を」という要素を抽出すると「態度」、「能力」、「技能」、「発達」ということになる。つまり、前述した教育基本法第 5 条の文言を借用すれば、個々人が「社会において自立的に生きる基礎」および「国家や社会の形成者として必要とされる基本的な資質」を上記の 10 項目の視点の目標に即して養うことが、義務教育の目的・目標であることが理解できる。

　なお、高等学校の目標に関しても、学校教育法第 51 条では「①義務教育として行われる普通教育の成果を更に発展拡充させて、豊かな人間性、創造性及び健やかな身体を養い、国家及び社会の形成者として必要な資質を養う」、「②社会において果たさなければならない使命の自覚に基づき、個性に応じて将来の進路を決定させ、一般的な教養を高め、専門的な知識、技術及び技能を習得させる」、「③個性の確立に努めるとともに、社会について、広く深い理解と健全な批判力を養い、社会の発展に寄与する態度を養う」とされている。同様に、この 3 項目の目標に即して養うことが、高等学校教育の目的・目標になっているといえる。

2. 教育課程と教科外活動

　教育課程とは、教科の種類・内容とその各学年における配当および教科以外の活動を含めた全教育活動の種類や内容の各学年別の配当を意味している。

　現在の日本の教育課程では、教科の部分とそれ以外の部分からなっており、それを教科課程と教科以外の課程（＝教科外活動）の大きく2つの領域から構成されているといえる。教科外活動は、子どもの学校生活の全般における人間関係の形成など集団的な活動を通じて涵養するものであり、「子どもの自主性を育て、民主的態度や行動力等を形成する「訓育」の課題を果たすことを主たる任務とする」[1]ものと考えられてきた。

　こうした教育課程における教科外活動のあり方は、20世紀以降のアメリカの進歩主義、経験主義教育の普及によって、学校教育における児童・生徒の活動経験をより重視するようになった経緯にあるといわれる[2]。また、日本でも受験勉強などの知識編重の教育に偏らずに「人格の完成」（教育基本法第1条）、人間形成という視点から、子どもの全面的な発達が掲げられてきたことが反映されていると考えられる。

　今日の教育課程における教科外活動には、総合的な学習の時間（高等学校では総合的な探求の時間）と特別活動が含まれている。特別活動は、人間形成のうえから重要な活動を総合するものとして教育課程に位置づけられており、総合的な学習の時間とともに教育目標を達成していくための一領域として組み込まれ、その役割が与えられている。

　これらの教科外活動は、いじめや人間関係の希薄さ、人間性への冒とくなどの問題が多発する現状において重要性を帯びてきており、教育課程において独自の目標が与えられていると考えるべきである。よって、他の教科外活動である総合的な学習の時間とともにその意義・役割について取り上げていくこととする。

---

[1] 今野喜清・新井郁男・児島邦宏編『新版学校教育辞典』教育出版株式会社、2013年。
[2] 伊藤友子「学習指導要領から読み解く「特別活動とその指導法」」熊本学園大学論集『総合科学』22巻1号、2頁。

2.2　総合的な学習の時間と特別活動

　「総合的な学習の時間」とは、1996 年（平成 8 年）に出された中央教育審議会答申「21 世紀を展望した我が国の教育の在り方について」において示されたといわれる。この答申では、教育改革の基本方針として「ゆとり」のなかで「生きる力」を育むことが掲げられ、その実現のために教科外活動として総合的な学習の時間の創設が提言された。

　その背景には、日本社会の経済成長による物質的豊かさが実現した反面、核家族化と地域社会の人間関係の希薄化により精神的な豊かさが低下し、子どもの教育環境に歪みや問題が生じた経緯があったといえる。具体的には、校内暴力やいじめ、不登校といった現象が多発してきた現状を指しているわけであるが、こうした状況を改善するものとして「生きる力」の育成が求められたといえる。

　同答申では、この「生きる力」として「自分で課題を見つけ、自ら学び、主体的に判断し、行動し、よりよく問題を解決する資質や能力」、「自らを律しつつ、他人とともに協調し、他人を思いやる心や感動する心など、豊かな人間性」、「たくましく生きるための健康や体力」が挙げられている。この答申は、変化の激しい 21 世紀の社会で必要とされるであろうこうした力を、学校教育において育成することが必要であることを示したといえる。

　総合的な学習の時間は、このような「生きる力」の育成に重点を置いて各教科や領域にまたがる横断的・総合的な学習活動を行う教科外活動の時間として創設されたものである。この科目は、当該答申を受けて改訂された学習指導要領（1998 年）から今日に至るまで、小・中・高等学校における実施授業の時間数に配当されており、小学校では 3 年生以上で 70 時間、中学校では 50 時間以上の年間標準授業時間が確保されている。また、高等学校では 2022年度から科目名が「総合的な探求の時間」に変更されており、3 年間で 3〜6単位（1 単位＝50 分間）が割りあてられている。

　そして、中学校学習指導要領（2017 年）では、総合的な学習の時間の目標を「探究的な見方・考え方を働かせ、横断的・総合的な学習を行うことを通

して、よりよく課題を解決し、自己の生き方を考えていくための資質・能力」を育成することとしている。また、①「知識及び技能」、②「思考力、判断力、表現力等」、③「学びに向かう力、人間性等」という総合的な学習の時間を通して育成することを目指す 3 つの資質・能力が説明されている。

　総合的な学習の時間と特別活動との関連・相違点をまとめてみると以下のようになる（表 2.1 参照）[3]。ともに教科外活動である両者の共通点としては、課題の解決に取り組むことが基本原理とされており、体験的・協同的な学習が重視され、自己の生き方についての考えを深めたものとなっている。

表 2.1　総合的な時間と特別活動との共通／相違点

	総合的な学習の時間	特別活動
共通点	●各教科等で身につけた資質・能力を総合的に活用しながら、児童・生徒が自ら現実の課題の解決に取り組むことを基本原理とする。 ●体験的な学習、協同的な学習を重視する。 ●自己の生き方についての考えを深める。	
相違点	○「探求」に本質がある（物事の本質を探って見極めようとしていく）。 ○「解決」は、1 つの疑問が解決されることにより、さらに新たな問いが生まれ、物事の本質に向けて問い続けていくもの。	○「実践」に本質がある（話し合って決めたことを実践したり、学んだことを現実の問題に生かしたりする）。 ○「解決」は、実生活における、現実の問題そのものを改善すること。

　引用：中村豊／原清治、81 頁より。

　一方、相違点としては、総合的な学習の時間では「探求」に本質があるが、特別活動では「実践」に本質が置かれる。また、総合的な学習の時間では、「解決」とは 1 つの疑問の解決によりさらなる問いが生まれ、物事の本質に向けて問い続けられていくものとされるが、特別活動では実生活上の現実問題の解決・改善とされている。

　また、小・中学校の学習指導要領では、総合的な学習の時間と特別活動との関連について「総合的な学習の時間における学習活動をもって相当する特別活動の学校行事に掲げる各行事の実施に替えることができる」として、特

---

[3]　中村豊／原清治編著『特別活動』ミネルヴァ書房、2018 年、81-82 頁。

別活動の学校行事を総合的な学習の時間に流用することを認めている。ただし、これに関して学習指導要領解説書では、「総合的な学習の時間において探求的な学習が行われる中で体験活動を実施した結果、学校行事として同様の成果が期待できる場合にのみ、特別活動の学校行事として捉えても良い」とし、例えば「集団への所属感や連帯感を深め、公共の精神を養うなど、特別活動の趣旨も踏まえた活動」[4]であると補足している。

　つまり、総合的な学習の時間が特別活動にも位置づけられるためには、その学校行事等の活動内容が探求的な学習の過程にも位置づけられるものであることが必要であるといえる。

2.3　教科外活動としての特別活動の目標

　ここでは、学習指導要領およびその解説を資料としながら、特別活動の具体的な目標とその内容についてみていこう。小・中・高等学校それぞれの学習指導要領における特別活動の「目標」には、学習の主体としての児童・生徒の位置づけから取り組むべき学習のプロセスが示され、さらに、特別活動において育成されるべき資質や能力、態度が示されている（小学校学習指導要領第6章第1／中学校学習指導要領第5章第1／高等学校学習指導要領第5章第1）。

　特別活動の目標は、「集団や社会の形成者としての見方・考え方」を働かせながら「様々な集団活動に自主的、実践的に取り組み、互いのよさや可能性を発揮しながら集団や自己の生活上の課題を解決する」ことを通して、資質・能力を育むことを目指すものであるとされる。

　目標ではまず、特別活動の学習プロセスの主体としての立ち位置を「集団や社会の形成者としての見方・考え方」を働かせることとして方向づけている。これは、解説によれば「各教科・科目等における見方・考え方を総合的に働かせて、集団や社会における問題を捉え」、さらに、「よりよい人間関係の形成、よりよい集団生活の構築や社会への参画及び自己の実現に関連付け

---

[4] 中村豊／原清治、前掲書、82頁。

ること」と整理されている。

　学習指導要領解説では、さらにこの「見方・考え方」に関し、特別活動が
課題解決に向けて取り組む実践的な学習であることや、各教科・科目等で学
んだことを実際の生活において総合的に活用して実践するという特質にある
ことから、「集団や社会の形成者としての見方・考え方」として示されたとし
ている[5]。つまり、特別活動では、捉えられた集団や社会における問題を契機
として、「人間関係形成」「社会参画」「自己実現」という 3 つの視点に基づき
ながら、資質・能力を指導・育成することが目標であるとされている。

　そして、それら 3 つの視点に基づく資質・能力がそれぞれいかに育成され
るべきか、以下にそれぞれより具体的な 3 つの視点のあり方を示すことによ
って、特別活動の学習の方法と過程を示唆し、理解可能になるレベルまで落
とし込まれているといえるだろう。よって、これらの 3 つの視点について学
習指導要領の解説[6]を踏まえてよく理解していくことが必要となる。

1．人間関係形成

　解説では、「人間関係形成」とは「集団の中で、人間関係を自主的、実践的
によりよいものへと形成」する視点であるとしている。また、それらに必要
な資質・能力は「集団の中において、課題の発見から実践、振り返りなど特
別活動の学習過程全体を通して、個人と個人あるいは個人と集団という関係
性の中で育まれる」としている。

2．社会参画

　解説によれば、「社会参画」とは「集団や社会に参画し様々な問題を主体的
に解決しようとする」という視点とされ、社会をよりよくするために参画す
ることと同じ視点で捉えられている。また、そのための資質・能力は「集団
の中において、自発的、自治的な活動を通して、個人が集団へ関与する中で
育まれるもの」としている。

---

[5]『小学校学習指導要領（平成 29 年告示）解説・中学校学習指導要領（平成 29 年告示）解
説・高等学校学習指導要領（平成 30 年告示）解説 特別活動編』第 2 章第 1 節 1 より。
[6] 同上。

３．自己実現

　解説によれば、「自己実現」とは「集団の中で、現在及び将来の自己の生活の課題を発見し、よりよく改善しようとする」視点とされる。また、そのための資質・能力は、「集団の中において、個々人が共通して当面する現在及び将来に関わる課題を考察する中で育まれるもの」としている。

　特別活動の目標では、以上のような３つの視点を土台として、３つの資質・能力の育成が目指されている。また、それら３つの資質・能力は、前述したように「集団や社会の形成者としての見方・考え方」を働かせながら、「様々な集団活動に自主的、実践的に取り組み、互いのよさや可能性を発揮しながら集団や自己の生活上の課題を解決する」ことを通して育まれるものであることが示されている。これら３つの資質・能力についてそれぞれ以下に紹介する[7]。

① 知識および技能（何を知っているか、何ができるか）
　「多様な他者と協働する様々な集団活動の意義や活動を行う上で必要となることについて理解し、行動の仕方を身に付けるようにする。」

　上記における「意義」や「必要となること」（＝知識）、「行動の仕方」（＝技能）は、方法論的な知識や技能として教授されるものでではなく、「集団活動を通して、話し合いの進め方やよりよい合意形成と意思決定の仕方、チームワークの重要性や役割分担の意義等について理解することが必要」であり、実践活動や体験活動を通して体得させていくような資質・能力であるとしている。つまり、これらの資質・能力の向上とは、極めて大きな能動性によって占められる性質であるがゆえに、学習者の側における能動的な学びのプロセスが必要であると考えられよう。

② 思考力、判断力、表現等（知っていること、できることをどう使うか）
　「集団や自己の生活、人間関係の課題を見いだし、解決するために話し合い、合意形成を図ったり、意思決定したりすることができるようになる。」

---

[7] 同前頁。

　集団活動における課題の解決のために話し合い、また、実践したことを振り返って新たな課題解決に向かっていく。そのような一連の活動過程において、各教科・科目等で学んだ知識などを課題解決に関連づけながら主体的に考えたり判断したりすることを通して、その過程において必要となる「思考力、判断力、表現力等」が育成されるという。

　中・高等学校の解説では、より具体的なこれらの資質・能力の事例として「自他の良さや可能性を発揮しながら、主体的に集団や社会の問題について理解し、合意形成を図ってより良い解決策を決め、それに取り組むこと」、「自己の良さや個性、置かれている環境を様々な角度から理解するとともに、進路や社会に関する情報を収集・整理し、将来を見通して人間としての生き方を選択・形成すること」などが挙げられている。

③ 学びに向かう力、人間性等（どのように社会・世界と関わり、より良い人生を送るか）

　「自主的、実践的な集団活動を通して身に付けたことを生かして、主体的に集団や社会に参画し、生活及び人間関係をよりよく形成するとともに、人間としての在り方生き方についての自覚を深め、自己実現を図ろうとする態度を養う。」

　解説によれば、人は社会において目的を達成するために、さまざまな集団に所属したり集団を構築したりするなかで、さまざまな困難や障害を克服し人間性を高めていく。よって、そのことは学び続ける人間としての在り方や生き方と深くかかわるものとして、さまざまな集団活動の役割・意義を理解し、自主的、実践的にかかわろうとする態度が、特別活動における資質・能力として位置づけられている[8]。

　また、養われるべき具体的な態度として、多様な価値観や個性を受け入れて「新たな環境のもとで人間関係を築こうとする態度」、「多様な他者と協働し、問題を解決し、より良い生活をつくろうとする態度」、日常生活や自己を

---

[8] 『小学校学習指導要領（平成29年告示）解説・中学校学習指導要領（平成29年告示）解説・高等学校学習指導要領（平成30年告示）解説 特別活動編』第2章第1節1より。

改善しようとしたり、「自分にふさわしい生き方や職業を主体的に考え、選択
しようとしたりする態度」が挙げられている[9]。

---

[9] 同前頁。

第3章
特別活動の成り立ち

自由研究　特別教育活動　特別活動の成立

　本章では、日本の学校教育における教科外の教育活動について、特に戦後期以降から近年に至るまでの特別活動の主なあり方の変遷をみていくものとする。教科外の教育活動が、今日の特別活動に至るまでどのような変化をしてきたのか、その基本的な流れの要点を辿っていく。そのうえで、今日の特別活動のあり方の理解を深めるとともに、その将来的な活動目標や内容の姿について自分なりに解釈できるようになることを目標とする。

3.1　特別活動の萌芽期

1．戦後直後の様子

　戦前の日本の初等・中等学校では、天皇制国家の臣民としてふさわしい国民を育成することを基本的な目標として、現在の特別活動にあたる学校儀式、運動会、各種学芸会などの教科外の活動が課外活動として実施されてきた。よって、そこでは、今日の特別活動のような児童・生徒の自主性や創造性などの人間形成を目的とした内容とは異なった活動が展開されていたといってもよい[1]。

　戦後になると、それらの課外活動として実施されていた教科外の諸活動は、正規の課程として教育課程のなかに組み込まれるようになる。つまり、戦後の教科外活動は、日本国憲法ならびに教育基本法の理念に基づいてその教育

---

[1]　関川悦男・今泉朝雄編『特別活動・総合的学習の理論と指導法』弘文堂、2019年、13頁。

的意義の方向性が捉え直され、教育課程のなかに内容とともに位置づけられた。そして、そのプロセスにおいて最も大きな役割を果たすことになっていくのが学習指導要領であり、1947年（昭和22年）に初めて作成され、小・中学校それぞれに試案として適応され、高等学校についてはその翌年に骨子が示された。

　今日の教育課程における特別活動は、戦後から現在に至るなかで、時々によってその名称を「自由研究」や「教科以外の活動」、「学校行事等」、「特別教育活動」などと称され、領域や内容等の捉え方が変化し続けてきた。ここでは、戦後から今日に至る教育課程のなかで、特別活動がどのように位置づけられその領域が展開されてきたかをたどっていくこととする。

2．「自由研究」の発足

　戦後日本の教育改革における主なねらいには、軍国主義教育の排除ならびに民主主義的な教育制度の確立が求められていたといえる。

　1947年に文部省より刊行され、初めて提示された小・中学校の学習指導要領である「学習指導要領一般論(試案)」には、新しい教科として「社会科」、「家庭科」、「自由研究」が設置されたが、この3つのうち自由研究には教科書がないものとして注目された。この自由研究には、週1〜4時間の時間数が配当され時間割に組み込まれており、その活動内容の性質としては教科活動の側面と教科外活動の側面との二面性を有するものとされていた。

　活動の具体的な目的としては、①児童・生徒の個性の伸長、②教科学習の助長、③同好集団の活動・クラブ組織活動、④学級委員会の活動などに充てられる時間とされた。例えば、①②に関連する活動として、個々の児童・生徒の需要に応じて、書道や絵画、理科の実験などの教科活動に充てるものとされ、また、③に関連する活動としては、学年の区分なく各種の音楽や手芸、スポーツなどのクラブ組織の活動時間に充てられる。そして、④に関する活動としては、児童・生徒の自治的な活動における企画・運営会議やそれらにともなう当番作業の時間などに充てられたのである。

　これらの活動内容には、戦後直後に日本の教育改革に指導的な役割を果た

したアメリカ第一次教育使節団の勧告、またその背景として、アメリカの経験主義的な教育理念に基づく児童・生徒たちの自主的・自治的な学習活動の展開といった影響があらわれているといえる[2]。こうした時間の確保は、それまでの日本の学校教育課程上では画期的なことであり、今日の特別活動につながる一歩として位置づけることができる。

しかし、当時の学校における自由研究の実施状況としては、最低限である週2時間を充てているケースが多かったこと、縦割りの通年制のクラブ形式の活動をとっている学校が多かったこと、また、教科学習としては、算数や理科、国語など教科の補習・延長としての時間に充てられている傾向があったといわれる[3]。つまり、学校教育現場においては教科学習の発展という趣旨の理解に基づく実践が十分でなかったことが示されている。

さらに、自由研究はその活動形態として、教科活動と教科外活動の両側面を兼ね備える性質をもつがゆえに、結果として実践段階における混乱を発生せしめることになった。例えば、クラブ活動をしている一方で国語の補充学習をしているといった多様な形態が混在すれば、それに対する疑問や不満などが発生することとなる。関連は不明であるが、いずれにせよ自由研究はわずか開始から数年後にその名称は廃止されることとなった。

3.2 特別教育活動の設立

1. 特別教育活動の設立経緯と内容

1949年(昭和24年)5月に、文部省初等中等教育局長名で出された通達「『新制中学校の教科と時間数』の改正について」では、「特殊教育活動といわれているものの一部分を特別教育活動の時間として新たに設け、選択教科としての自由研究の名称を廃したこと」とある。これをもって、自由研究における学習活動が「特別教育活動」に吸収され、名称としての自由研究は廃止され

---

[2] 関川悦男・今泉朝雄編、前掲書、16頁。
[3] 山口満・安井一郎編『特別活動と人間形成』学文社、2013年、36頁。

たと考えられている[4]。

　当該通達では、特別教育活動を「運動、趣味、娯楽、ホーム・ルーム活動、その他生徒会等の諸活動、社会的公民的訓練活動等を含むものである」とし、「教師の適切な指導のもとに生徒が個人的又は協同的に行うもの」であり、「教師に基づく諸経験と共に重要な諸経験を与える機会として重視すること」と述べられている。そして、特別教育活動に対する時間割として、週 2 〜5 時間が割りあてられた。つまり、ここで特別教育活動の基本的なあり方（目標・内容・方法）が、一定の枠づけとともに付与されたといってよい。

　またさらに、1951 年（昭和 26 年）の学習指導要領の改訂により、中学・高等学校では特別教育活動は教育課程に位置づけられるようになり、その活動のねらいが示されるようになった。そして、その主な領域として①ホームルーム、②生徒会、③クラブ活動、④生徒集会、の 4 つが挙げられた。同時に小学校では「教科以外の活動」として、教育課程を構成する領域の 1 つとして新設された。それまで自由研究という名で実施された諸活動、例えば児童会、各種委員会、児童集会や学級会、クラブ活動などが、教科以外の活動の時間として学校長や教師の必要に応じて定められるようになった。

　こうした特別教育活動の課題には、児童・生徒が自主的・自治的な活動を通して民主主義社会の一員としての態度や資質を高め、また関連する方法を学ばせるといった目標を有することが明らかである。従来では明確にされていたとはいえなかった諸活動の枠づけが鮮明にされ、集団的・実践的活動を通して児童・生徒に将来の市民としての能力を育成することが打ち出されたと考えられる。

　そして、1958 年（昭和 33 年）の学習指導要領の改訂では、それまでの学習指導要領が「試案」とされていたのに対して、文部省の官報による「告示」という扱いで出されるようなった。告示とはこの場合、文部省が学習指導要領を学校現場に向けて通知するというものであり、この形式によって学習指導要領の位置づけは法的拘束力をともなうようになった。これにともない、

---

[4]　木庭清八監修基礎教育学研究会編『教育の原点を探る－特別活動を中心として－』国書刊行会、18-19 頁。

小学校における「教科以外の活動」も「特別教育活動」に改訂された。した
がって、特別教育活動は1958年の当該学習指導要領の改訂により、教育課程
におけるスタンダードとなり、それに従っておこなわれるものとして規定さ
れるようになったといえる。

　これに関し当該学習指導要領における特別教育活動は、①生徒会活動（小
学校では児童会活動）、②学級活動（高等学校ではホームルーム・小学校では
学級会活動）、③クラブ活動、の３つの内容から成るとされた。また、特別教
育活動に関する時間は、週１時間を学級活動に充てるものとして配当された
が、それまでの時間数と比較して大幅に削減された。

　当該学習指導要領の教育課程では、小・中学校においては「道徳」および
「学校行事等」が設立され、高等学校においても「学校行事等」が設立され
たため、従来の特別教育活動に含まれていた多くの内容がそれらの領域に移
されたことが一因といえる。

　例えば、児童・生徒集会などの活動は「学校行事等」に吸収され、一方で
道徳性の育成や訓育的機能をもつ活動の多くが「道徳」に吸収されることに
なった。よって、当該学習指導要領の改訂においてこうした教科外活動の個々
の内容は細分化・明確化されたといえるが、そのことが活動における自由度
や柔軟性を損なわせ、児童・生徒の自治的な活動要素や自主的な活動形態を
減退させたとも考えられている[5]。

3.3　特別活動の成立と経緯

1．特別活動の成立

　特別教育活動の名称は、1968年（昭和43年）の学習指導要領の改訂前ま
で用いられていたが、当該改訂において「特別活動」の名称が初めて出現し、
以後、今日に至るまで小・中学校ではこの名称が用い続けられている。ただ
し、この時期の改訂において高等学校の特別教育活動は「各教科以外の教育
活動」と改称された。

---

[5] 山口満・安井一郎編、前掲書、39-40頁。

　小・中学校の当該改訂において最も特徴的であるのは、従来の教育課程における特別教育活動と学校行事等とが統合されて「特別活動」という新たな領域が設けられたことであったといえる。この理由については、両領域の内容が多岐にわたっていることから、それらの諸活動において人間形成にとって重要な活動に精選するため、また、かつて自由研究や教科以外の活動として１つにまとめられる共通性をもっていたことなどが挙げられている[6]。

表 3.1　特別活動の内容構成（小・中学校）※1969 年（昭和 44 年）

児童活動	児童会活動／学級会活動／クラブ活動
学校行事	儀式・学芸的行事／保健体育的行事／遠足的行事／安全指導的行事
学級指導	学校給食の指導／保健指導／安全指導／学校図書館の利用指導／その他の指導

　この改訂における特別活動の内容は、小・中学校では①児童活動（児童会活動／学級会活動／クラブ活動）、②学級指導、③学校行事、であり（表 3.1 参照）、それに対して高等学校では①ホームルーム、②生徒会活動、③クラブ活動、④学校行事、となった（表 3.2 参照）。これらの活動内容をみると、児童・生徒の自主性や自治的な活動を特質とする特別教育活動に属する活動と、学校・教師側の指導を前提とする学校行事や学級指導の活動との２系統を含む内容になったことがわかる。また、特別活動に割りあてられる時間数は、特別教育活動が週１時間（年間 35 時間）であったのに対し年間 50 時間が充てられるようになり、微増したといえる。

　高等学校では 1978 年（昭和 53 年）の学習指導要領の改訂が出るまでは特別活動の名称は用いられなかったが、1970 年（昭和 45 年）の改訂の段階で、「生徒会活動」「学校行事」「ホームルーム」「クラブ活動」の４つの内容に区分されており、内容構成としては小・中学校における特別活動の区分に合わせられたものであるといえる（表 3.2 参照）。小・中学校の特別活動と異なり、「クラブ活動」のみが独立した内容として区分されているが、より主題的・

---

[6] 山口満・安井一郎編、前掲書、43 頁／木庭清八監修基礎教育学研究会編、前掲書、23 頁。

自立的な活動内容を充実させるという発達段階のあり方に配慮されたものだと考えられる。

表 3.2　各教科以外の教育活動の内容（高等学校）※1970 年（昭和 45 年）

生徒会活動	生活改善・向上活動／連絡調整活動／学校行事への協力活動
学校行事	儀式・学芸的行事／体育的行事／旅行的行事／保健・安全的行事／勤労・生産的行事
ホームルーム	共同生活充実に関する問題／生き方に関する問題／集団の一員としての生き方に関する問題／学業生活・進路選択決定に関する問題
クラブ活動	文化的活動／体育的活動／生産的活動

2.「特別活動」の目標・内容の変遷

1977 年（昭和 52 年）の学習指導要領の改訂にともなう小・中学校における特別活動では、その内容構成自体に変化はほぼみられなかった。一方、高等学校では「各教科以外の教育活動」から「特別活動」に名称が変更され、また、目標部分の記述に変化がみられた。

1970 年の「各教科以外の教育活動」では「豊かな充実した学校生活を経験させ、自律的、自主的な生活態度を養うとともに、民主的な社会および国家の形成者として必要な資質の基礎を育てる」であったが、1977 年「特別活動」では「心身の調和のとれた発達を図り、個性を伸長するとともに集団の一員としての自覚を深め、協力してよりよい生活を築こうとする自主的、実践的な態度を育て、将来において自己を正しく生かす能力を養う」となった。

ここでは、育成しようとする生徒の資質・性質に変化がみられる点のみに言及したい。1970 年の前者では、民主主義国家社会の市民としての資質形成に主眼が置かれているが、1977 年の後者ではそうした社会的な視点に基づく資質形成よりも、むしろ生徒自身の個人主義的な視点からの資質の形成に重点が置かれるようになったと考えられる。

さて、引き続き 1989 年、1998 年、2008 年の学習指導要領の改訂を契機として、特別活動にも一定の改訂が行われていった。1989 年（平成元年）の改

訂では、小・中学校ではともに「児童活動」の名称枠が消え、「学級指導」および「学級会活動」の名称がなくなり、新たに「学級活動」として設置された（表 3.3 参照）。これを、いかに解釈するかといった明確な要因は不明であるが、少なくとも活動目的に対する方法の多様化や柔軟な対応の可能性を目指した変化としてうかがうことができる。一方、高等学校においては当該学習要領の改訂にともなう特別活動の内容構成の変化は、ほぼみられない。

表 3.3　特別活動の目標と内容構成（小・中学校）※1989 年（平成元年）

内容＼目標	
	望ましい集団活動を通して、心身の調和のとれた発達と個性の伸長を図るとともに、集団の一員としての自覚を深め、協力してよりよい生活を築こうとする自主的、実践的な態度を育てる(小学校)
	望ましい集団活動を通して、心身の調和のとれた発達と個性の伸張を図り、集団の一員としてよりよい生活を築こうとする自主的、実践的な態度を育てるとともに、人間としての生き方についての自覚を深め、自己を生かす態度を養う(中学校)
学級活動（小学校）	学級を単位として、学級生活の充実と向上を図り、健全な生活態度の育成に資する活動を行う
学級活動（中学校）	学級を単位として、学級や学校の生活の充実と向上を図り、生徒が当面する諸課題への対応や健全な生活態度の育成に資する活動を行う
児童会活動（小学校）	学校の全児童をもって組織する児童会において学校生活の充実と向上のために諸問題を話し合い、協力してその解決を図る活動を行う
生徒会活動（中学校）	学校の全生徒をもって組織する生徒会において、学校生活の充実や改善向上を図る活動、生徒の諸活動についての連絡調整に関する活動および学校行事への協力に関する活動などを行う
クラブ活動（小学校）	学年や学級の所属を離れ、同好の児童をもって組織するクラブにおいて共通の興味・関心を追求する活動を行う
クラブ活動（中学校）	学年や学級の所属を離れ、共通の興味や関心をもつ生徒をもって組織するクラブにおいて、全生徒が文化的、体育的、生産的または奉仕的な活動のいずれかの活動を行う
学校行事	全校または学年を単位として、学校生活に秩序と変化を与え、集団への所属感を深め、学校生活の充実と発展に資する体験的な活動を行う

　続いて 1998 年（平成 10 年）の学習指導要領の改訂では、特別活動の目標ならびに内容構成に関しては、前回（平成元年）と比較してあまり変化がみられない。しかし、中学校と高等学校では、クラブ活動が必修制から部活動

を介した代替制に変わっていったことが重要な変化として挙げられる。

　そして、それを補うかのように中学・高等学校の特別活動における生徒会活動のなかに、それまでは存在しなかった「ボランティア活動」が含まれるようになった。このことは、生徒の自由意思や自己選択行動が重視される個人主義的な傾向に変化したと解釈することもできる。また、この変化にともない特別活動に割りあてられる標準時間数が以前の35〜70時間から35時間に縮小されることとなった。

　2008年（平成20年）の学習指導要領改訂にともなう特別活動の目標ならびに内容構成においては、小学校での特別活動の目標に関する記述に一定の変化があらわれている。小学校の目標では「集団の一員としてよりよい生活や人間関係を築こうとする自主的、実践的な態度を育てるとともに」、「自己の生き方についての考えを深め、自己を活かす能力を養う」とされたが、後半部の内容部分は中学校の特別活動における目標とほぼ同じ文言となっている。このことより、より早い発達段階から自己洞察力や生きる力の向上が目指されるようになっていったことがうかがわれる。

3.4　これまでの特別活動のあり方

　最後に、これまでの特別活動のあり方の変遷について、学習指導要領の改訂の歴史を参照しつつ振り返りながら整理してみよう。

　戦後直後期に、民主的な教育理念に基づく児童・生徒の自主的・自治的な学習活動を目指した「自由研究」は、数年の短い期間でその名称を「教科以外の活動の時間」と名称が変更された。これは、教育現場での混乱を避けるために、教科教育と教科外の教育との区分を設けようとした背景もあったと考えられるが、その活動内容の目標の理念に変化はなかったとおもわれる。

　1956〜1958年の学習指導要領改訂とその告示化において、「特別教育活動」への名称変更とともに、それまでの活動内容は分割・外部領域化されるという流れにより、活動の規定性が高められた一方で柔軟性に乏しくなったことは否めない。

　そして、1968〜1969 年の学習指導要領の改訂における小・中学校での「特別活動」になると、その内容は学校行事や学級指導といった学校・教師の指導を前提とする活動を含んで一括した名称に区分化されたともいえる。また、高等学校では 1970 年の改訂において、それまで本領域内に存在した「生徒集会」の項目がなくなっている一方で、高等学校でのみ「クラブ活動」が区分化されたことは、当時の学生運動の激化といった背景的な社会情勢の影響が反映されていたとも考えられる。いずれにせよ、特別活動の内容にはより教育行政の管理の方向が強くなったと考えられるだろう。

表 3.4　戦後における学習指導要領と特別活動の名称区分の主な変遷

学習指導要領改訂の時期／学校	名称区分
1947 年（昭和 22 年）／小・中・高等	自由研究
1951 年（昭和 26 年）／小・中・高等	教科以外の活動の時間
1956 年（昭和 31 年）／高等	特別教育活動
1958 年（昭和 33 年）／小・中	
1968 年（昭和 43 年）／小	特別活動
1969 年（昭和 44 年）／中	
1970 年（昭和 45 年）／高等	各教科以外の教育活動
1978 年（昭和 53 年）／高等	特別活動

　しかし、1989 年の学習指導要領の改訂にともなう小・中学校の特別活動では、活動における児童・生徒の方法的な多様性や柔軟性に配慮する方向がうかがえる。また、1998 年の学習指導要領の改訂においては、中・高等学校ではクラブ活動から部活動へと活動の移行がみられるが、これは本活動に対する生徒の自己選択や裁量の可能性を高める方向でもある。生徒は、活動に参加しないことや、時間枠を増やしてより集中する活動を選んで参加することもできるようになるからである。生徒会活動のなかに「ボランティア活動」が含まれるようになったことも、これと無関係ではないと考えられる。
　さらに、2008 年の学習指導要領の改訂では、小学校の特別活動の目標が改

訂され、「自己の生き方についての考えを深め、自己を活かす能力を養う」という中学校の特別活動の目標と重複する文言が挿入された。こうした変化からも、より個人主義的な自由意思や自己選択行動が重視され、そのような資質を育む観点から個々人の生きる力の向上が目指されてきたことが察せられる。

第4章
特別活動における各活動の目標
および内容

学級（ホームルーム）　学校行事　児童（生徒）会　クラブ活動　部活動

　本章では、特別活動について、学習指導要領において示されている各活動の目標および活動内容について取り上げるものとする。教育課程における具体的な特別活動の位置づけや活動の目標・内容を理解することで、教科外活動の主要な活動である特別活動の特質と意義を理解することを目的とする。そして、自分なりに具体的な活動内容と特別活動の目標とを関連づけて解釈できるようになることを目標としている。

4.1　学級活動・ホームルーム活動の目標

1.　学級・ホームルーム活動の目標

　学級活動・ホームルーム活動は、特別活動のなかの一つの活動として学習指導要領に定められている。ここでいう学級活動は、小・中学校で行われるものであり、ホームルーム活動は高等学校で行われる活動となっている。

　小学校学習指導要領では第6章の第2、中学・高等学校学習指導要領では第5章第2のそれぞれにおいて、〔学級活動〕あるいは〔ホームルーム活動〕の1「目標」として以下のように示されている。

　「学級（＝以下、高等学校では「ホームルーム」）や学校での生活をよりよくするための課題を見いだし、解決するために話し合い、合意形成し、役

割を分担して協力して実践したり、学級（ホームルーム）での話し合いを
生かして自己の課題の解決及び将来の生き方を描くために意思決定して実
践したりすることに、自主的、実践的に取り組むことを通して、第 1 の目
標に掲げる資質・能力（＝中／高等学校学習指導要領第 5 章第 1・小学校
学習指導要領第 6 章第 1「目標」）を育成することを目指す。」（カッコ内は
筆者による加筆）

　学級あるいはホームルーム活動は、学習指導要領解説（以下、解説とよぶ）
によれば[1]、ともに生活や学習に取り組む児童・生徒で構成される集団におい
て行われる活動であり、その生活上の課題を発見し、解決のために話し合い、
合意したことを協働で実践する活動とされる。また、個々の児童・生徒が当
面する課題に対して自己を深く見つめ、自主的に意思決定や実践的に取り組
む活動であり、それらを通じて現在から将来の自己と集団との関わりを理解
することにより、資質・能力を高めるものと考えられている。

2．目標と活動内容とのかかわり

　小学校学習指導要領第 6 章第 2 の 2、中学・高等学校学習指導要領第 5 章
第 2 の 2「内容」には、主に 3 つの各活動内容を通して、全ての学年におい
て資質・能力が育成されるよう指導することが以下のように示されている。

「(1)学級（ホームルーム）や学校生活における生活づくりへの参画」

　まず、解説では、前述の「目標」における「学級活動（ホームルーム）や
学校での生活をよりよくするための課題」については、学校生活上での諸問
題を児童・生徒自らが発見し、全員で解決すべき課題を示すとされている[2]。
　これは、資質・能力の育成のための学習過程における初めの「問題の発見・
確認」に位置づけることができる。それは、学級（ホームルーム）や学校で
の生活を向上・充実させるため、学級（ホームルーム）や学校での生活上の

問題から、学級（ホームルーム）の児童・生徒に共通する課題を見いだすものと考えられている。

　さらに、解説では「教師の適切な指導の下に児童（生徒）によって提案される話し合いの内容を一般的に『議題』と称する」こと、また、その具体例として「集団生活の進め方に関わる諸問題への対応」、「生徒会活動や学校行事への参加や協力の在り方」などを挙げている。

　続いて、「目標」の「解決するために話し合い、合意形成し、役割を分担して協力して実践したり」とは、その課題について一人一人が意見を出し合い、互いの意見の違いや多様な考えを大切にしながら、学級活動（ホームルーム）において合意を形成して決定することが示されている。そして、その合意形成に基づいて必要な役割や仕事を決めたり、また、それらを全員で分担し協力して遂行することであるとされている。

　なお、解説では以上のことを、資質・能力育成のための学習過程における「解決方法の話し合い」、「解決方法の決定」とし、それを学級（ホームルーム）としての考えをまとめて決める「合意形成」までの過程に位置づけている。そして、児童・生徒が合意形成に基づいて協働して取り組み、さらに一連の活動を振り返り、次の課題解決へつなげていくことを、学習過程における「決めたことの実践」、「振り返り」に位置づけている（図 4.1 参照）。

「(2) 日常の生活や学習への適応と自己の成長及び安全」

「(3) 一人一人のキャリア形成と自己実現」

　解説では、学級（ホームルーム）活動の「目標」における「学級（ホームルーム）での話し合いを生かして自己の課題の解決及び将来の生き方を描くために意思決定して、実践したりする」とは、学級活動の内容「日常の生活や学習への適応と自己の成長及び安全」および「一人一人のキャリア形成と自己実現」における一連の活動であるとしている。

　ここでいう「自己の課題」とは、児童・生徒一人一人が「自らの学習や生活の目標を決めて、その実現に向けて取り組めるものでなければならない」とされる。続いて、「目標」における「学級（ホームルーム）での話し合いを生かして」「意思決定」することには、「教師の適切な指導のもと」、共通課題

の把握、原因や背景を探ること、多様な視点に基づくこと、自己の具体的な実践課題を意思決定して努力していくこととされている。

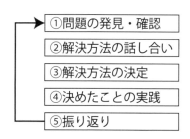

図 4.1　学級（ホームルーム）活動における学習過程例

出典：中学校学習指導要領（平成 29 年告示）解説・高等学校学習指導要領（平成 30 年告示）
解説『特別活動編』第 3 章 1 節より抜粋。

　さらに、解説では「目標」における「自己の課題の解決」とは、学級活動の内容である「日常の生活や学習への適応と自己の成長及び健康安全」の取り上げる題材の特質を示したものであり、「将来の生き方を描くため」については、「一人一人のキャリア形成と自己実現」で取り上げる題材の特質を示したものであるとされる。

4.2　学校行事の目標

1．学校行事の位置づけと目標

　各教科の授業は、児童・生徒の個人的な能力形成に資することが中心的な活動といえるが、特別活動は集団活動を通して個々の児童・生徒のよりよい生き方を実現しようとする活動である。よって、特別活動にかかわる教師にとって、児童・生徒に対してどのような集団の活動を組織し指導していくのかというテーマは大きな課題である。

　学校行事における集団の単位は、学級（ホームルーム）を超えたより大規模な集団における活動となることが多いため、より大きな活動テーマを前提としたうえで、個々の教師の指導やかかわりのあり方が重要な要因になって

くる。小学校学習指導要領第6章第2の1「目標」、中学校・高等学校学習指導要領第5章第2の1「目標」では、学校行事の目標を以下の通り示している。

「全校（※又は学年の児童で＝小学校）（※又は学年の生徒で＝中学校）（※若しくは学年又はそれらに準ずる集団で＝高等学校）協力し、よりよい学校生活を築くための体験的な活動を通して、集団への所属感や連帯感を深め、公共の精神を養いながら、第1の目標に掲げる資質・能力を育成することを目指す。」（カッコ内は筆者による加筆）

　解説によると、学校行事は「集団を単位として行われる活動」であり、学級・ホームルームの集団だけではなく、全校または学年、それに準ずる集団活動とされる[3]。これらの集団において、行事の事前計画・準備・実践・事後活動に取り組んだり、意見や考えを出し合って話し合ったり、課題や困難な状況を乗り越え、解決したりすることを意味している。
　「よりよい学校生活を築くための体験的な活動」とは、地域や自然と関わったり、多様な文化や人と触れ合ったりする活動の実践を示している。また、「集団への所属感や連帯感を深め」とは、学校行事の実践において、全校や学年などのより大きな集団の一員であることを自覚すること、そして、「公共の精神や養い」とは、個人の尊厳と他者を重んじる態度を養うことを示すとされる。
　さらに、学校行事を通じて、学校の文化や伝統、よりよい校風づくりや愛校心を高めることにつながること、また、自主的な活動を助長することが大切であり、実践的に協力して取り組んだことを振り返って、自他の良さに気づき、認め合ったり、新たな課題を見いだしたりする。よって、人間としての生き方についての自覚を深め、学校生活を向上させていくことを目指すものであるとされる[4]。

---

[3] 『小学校学習指導要領（平成29年告示）解説・中学校学習指導要領（平成29年告示）解説・高等学校学習指導要領（平成30年告示）解説 特別活動編』第3章第3節1より。
[4] 同前頁。

２．学校行事の内容

　学校行事の内容として、小学校学習指導要領第 6 章第 2 の 2、中学校ならびに高等学校学習指導要領第 5 章第 2 の 2「内容」では、特別活動における資質・能力を育成するため以下の各行事内容が示されており、さらに、解説ではそれぞれの行事の性質に基づいたねらいが説かれている[5]。

1）儀式的行事

　「学校生活に有意義な変化や折り目を付け、厳粛で清新な気分を味わい、新しい生活の展開への動機付けとなるようにすること。」

　儀式的行事のねらいとして、解説では児童・生徒に「1 つの転機を与え」、「相互に祝い励まし合って喜びを共にし、決意も新たに新しい生活への希望や意欲をもてるような動機付け」を行うことによって、「学校、社会、国家などへの所属感を深める」とともに、「厳かな機会を通して集団における規律、気品ある態度を育てる」とある。全校児童・学生および教職員がそろっての教育活動が多く、具体的に例えば、入（卒）業式、始業・修了式、開講記念式、新任・離任式などが考えられる。

2）文化的行事

　「平素の学習活動の成果を発表し、自己の向上の意欲を一層高めたり、文化や芸術に親しんだりするようにすること。」

　解説では、文化的行事のねらいとして、児童・生徒が「学校生活を楽しく豊かなものにするため」、「互いに努力を認めながら」よりよいものをつくりだし、「発表し合うことにより、自他のよさを見付け合う喜びを感得する」とともに、自己の「成長を振り返り」、伸ばす意欲をもてるようにすること、また、多様な文化や芸術に親しんで豊かな情操を育てることと考えられている。

　具体的な内容としては、文化祭、音楽会、弁論大会、音楽・映画・演劇・伝統芸能などの鑑賞会が考えられている。

3）健康安全・体育的行事

　「心身の健全な発達や健康の保持増進、事件や事故、災害等から身を守る安

---

[5] 『小学校学習指導要領（平成 29 年告示）解説・中学校学習指導要領（平成 29 年告示）解説・高等学校学習指導要領（平成 30 年告示）解説 特別活動編』第 3 章第 3 節 2 より。

全な行動や規律ある集団行動の体得、運動に親しむ態度の育成、責任感や連帯感の涵養、体力の向上などに資するようにすること。」

　解説では健康安全・体育的行事のねらいとして、児童・生徒自ら発育や健康状態に関心をもち、その保持増進に努めるとともに、「身の回りの危険を予測・回避し、安全な生活に対する理解を深める」とされる。そして、体育的な集団活動を通して「健全な生活の実践に必要な習慣や態度」を育成し、「運動に親しみ、楽しさを味わえるようにするとともに体力の向上を図る」とされる。

　具体的な内容としては、健康診断、疾病予防、薬物乱用防止指導、防犯指導、交通安全指導、避難・防災訓練、体育祭（運動会）、各種球技・競技大会が挙げられている。

4）旅行・集団宿泊的行事

　「平素と異なる生活環境にあった、見聞を広め、自然や文化などに親しむとともに、よりよい人間関係を築くなどの集団生活の在り方や公衆道徳などについての体験を積むことができるようにすること。」

　解説では旅行・集団宿泊的行事のねらいとして、「校外の豊かな自然や文化に触れる体験」、また「校外における集団活動を通して、教師と生徒が寝食を共にすること」によって、人間的な触れ合いや信頼関係の大切さを経験し、楽しい思い出をつくることができるとされる。

　さらに、このような集団生活から、「基本的な生活習慣や公衆道徳などについての体験を積み」、集団・社会生活上のルールについて「考え、実践し、互いを思いやり、共に協力し合ったりする」態度を育てるとされる。具体的な内容として、遠足、修学旅行、集団宿泊、野外活動が挙げられている。

5）勤労生産・奉仕的行事

　「勤労の尊さや創造することの喜びを体得し、（※就業体験活動などの勤労観・職業観の形成や進路の選択決定などに関する体験が得られるようにするとともに、共に助け合って生きることの喜びを体得し、）ボランティア活動などの社会奉仕の精神を養う体験が得られるようにすること。」（※部分は中学ならびに高等学校学習指導要領のみ）

解説では、勤労生産・奉仕的行事のねらいとして「学校内外の生活の中で、勤労生産やボランティア精神を養う体験的な活動を経験すること」で、「勤労の価値や必要性を体得できるようにする」とともに「進んで他に奉仕しようとする態度」の向上に重きを置いている。

具体的な勤労生産・奉仕的行事の事例として、就業体験活動、各種の生産活動、より上級の学校や職場の訪問・見学、全校美化の行事、地域社会への協力や学校内外のボランティア活動などが挙げられている。ただし、高等学校段階では、一般事業所での就業体験活動や大学等での就業体験活動（アカデミック・インターンシップ）が重点的に推進されるケースなどが考えられる。

4.3 児童会／生徒会活動の目標

1. 位置づけと目標

解説によれば[6]、児童会（＝小学校学習指導要領）・生徒会（＝中学校・高等学校学習指導要領）活動は、小学校においては「学校の全児童をもって組織する異年齢集団の児童会による」、中学校・高等学校においては「全校の生徒をもって組織する生徒会において」、自発的、自治的に行われる活動とされる。

児童・生徒会活動は、学年、学級（ホームルーム）を越えて全ての児童・生徒から構成される集団での活動であり、「異年齢の児童（生徒）同士で協力したり、よりよく交流したり、協働して目標の実現をしたりしようとする活動」とされる。

児童会あるいは生徒会活動の目標は、小学校学習指導要領第6章の第2〔児童会活動〕の1、中学校ならびに高等学校学習指導要領第5章第2〔生徒会活動〕の1「目標」のそれぞれで以下のように示されている。

「異年齢の児童（＝生徒）同士で協力し、学校生活の充実と向上を図るための諸問題の解決に向けて、計画を立てて役割を分担し、協力して運営するこ

とに自主的、実践的に取り組むことを通して、第1の目標に掲げる資質・能力を育成することを目指す。」（カッコは中・高等学校の場合）

解説では、児童会あるいは生徒会活動の基本的な学習過程として「学校生活の充実と向上を図るための諸問題の解決に向けて、計画を立て役割を分担し、協力して運営することに自主的、実践的に取り組む」と示されている[7]。

小学校の児童の場合、ここでいう「運営」に関しては、主として高学年の児童が各種の組織において具体的な計画立案や実践をリードすることが考えられている。しかし、それぞれの活動のねらいや内容に応じて全児童が主体的に参加できるようにすることが求められている。一方、高等学校生徒の場合では、より自主的、実践的に活動できる場や機会の計画的な確保を含めた指導体制が求められており、生徒が自ら活動の計画を立ててそれぞれの役割を分担、協力し合い、よりよい集団活動を進められるよう教師に適切な指導を求めている。

児童会／生徒会活動の学習過程を1つに言い表すことは難しいが、基本的な活動の流れとして、児童会・生徒会において「課題の発見・確認」から「解決に向けての話し合い」を経て、「合意形成をして解決方法の決定」を行い、「決めたことを実践」し、「振り返り」、次の課題に向かっていくものと考えられている。

2．児童会／生徒会活動の内容

児童会活動の内容については、小学校学習指導要領第6章の第2〔児童会活動〕の2「内容」で、生徒会活動の内容については中学校・高等学校学習指導要領第5章の第2の2「内容」で、特別活動における資質・能力の育成を図るため、以下のように各内容ならびにそれぞれのねらいが示されている。

・児童会／生徒会の組織づくりと児童会／生徒会活動の計画や運営

「児童（＝生徒）が主体的に組織をつくり、役割を分担し、計画を立て、学

---

[7] 同前頁。

校生活の課題を見いだし解決するために話し合い、合意形成を図り実践すること。」（カッコは中・高等学校の場合）

　この内容において育成することが考えられる具体的な資質・能力として、小学校学習指導要領解説では「組織づくりや役割分担を行い、異年齢の児童と協力して児童会活動に取り組む」ことや、その一員としての役割を果たす重要性を理解し、「計画や運営の仕方などを身に付ける」ことと述べている[8]。同様に、中学校ならびに高等学校学習指導要領解説では、「役員選挙を通した組織づくりや役割分担を行って協働して実行することの意義を理解」し、そのための「計画や運営、合意形成の仕方」などを身につけるとある[9]。なお、その際の組織の形態に関しては、小学校では「代表委員会や委員会活動、児童会集会活動」などにおける実践の取り組みとなる一方、中学校あるいは高等学校では「生徒総会や各種の委員会」における実践の取り組みと言いかえられている。

　また、中学校ならびに高等学校解説ではそれら生徒会役員や委員会の委員長の決定にあたって、規則に則った「公正な選挙」等による選出が望ましいとされている。それにより、生徒会活動における自治性の自覚が高められるためである。さらに、生徒会活動が継続的に取り組む課題として、「規律をよき文化・校風の発展に関わる活動」「環境の保全や美化のための活動」「生徒の教養や情操の向上のための活動」「よりよい人間関係を形成するための活動」「身近な課題等の解決を図る活動」が挙げられている。

・学校行事への協力

　「学校行事の特質に応じて、児童会（＝生徒会）の組織を活用して、計画の一部を担当したり、運営に（主体的に）協力したりすること。」（カッコは中・高等学校の場合）

　解説では、この内容において育成される資質・能力として、小学校では学校行事に「児童会活動として協力して取り組む意義を理解するようにする」

---

[8]『小学校学習指導要領（平成29年告示）解説　特別活動編』第3章第2節2より。
[9]『中学校学習指導要領（平成29年告示）解説・高等学校学習指導要領（平成30年告示）解説 特別活動編』第3章第2節2より。

こと、中学校ならびに高等学校では学校行事の「意義」、「意見を生かすための組織づくり」「協働を図る仕組みを理解し、方法を身に付ける」こととされる。そして、学校行事の充実と向上のために考え、話し合い、協力して実践したり組織を活用した学校行事の運営に取り組んだりできるようになることなどが挙げられている[10]。

また中学校ならびに高等学校では、学校行事にこのように生徒会が可能な範囲で取り組むことにより、活動範囲が学校内外に拡大される。よって、地域・社会における大人との人間関係や社会的なルールやマナーを学ぶことや、自分たちの活動の広がりや自主的な活動の必要性について実感することができるような指導が重要であるとされる。

そのため、「地域の人々や幼児、高齢者等との異年齢集団による交流、障害のある人々や外国出身者など多様な他者との協働における配慮」に関わる資質・能力、教師と生徒との互いの信頼関係の向上、学校行事に対する主体者意識を高めることができると考えられている[11]。

・異年齢集団による交流（※小学校学習指導要領のみ）

「児童会が計画や運営を行う集会等の活動において、学年や学級が異なる児童と共に楽しく触れ合い、交流を図ること」

小学校学習指導要領解説では、この内容において育成することが考えられる資質・能力として、学年や学級が異なる児童とともに協力して活動に取り組む意義を理解し、運営計画の仕方を身につけること、児童会の一員として自分が果たすべき役割について考えること、そして、よりよい異年齢における人間関係を形成する活動に取り組んで、学校生活を充実・向上を図る態度を養うことが挙げられている。

高学年の児童が、全校児童集会や委員会などでリーダーとしての経験を重

---

[10] 『小学校学習指導要領（平成29年告示）解説 特別活動編』第3章第2節2／『中学校学習指導要領（平成29年告示）解説・高等学校学習指導要領（平成30年告示）解説 特別活動編』第3章第2節2。

[11] 『中学校学習指導要領（平成29年告示）解説・高等学校学習指導要領（平成30年告示）解説 特別活動編』第3章第2節2。

ねて自分の役割を果たす取り組みを通じて、自覚や自信を高められるようにすることで、低学年の児童にとってのあこがれや希望をもつことにつながる意義があるといわれる[12]。

・ボランティア活動などの社会参画（※中学校・高等学校学習指導要領のみ）

「地域や社会の課題を見いだし、具体的な対策を考え、実践し、地域や社会に参画できるようにすること」

中学校・高等学校学習指導要領解説によれば、この内容には、学校内での活動の他に地域のボランティア活動への参加、他校や地域の人々との交流などがあるとされている。特に高校生の段階からは、生徒の監視が学校外の事象に向けられるようになることが望ましく、こうした活動を通して自分の有用感の醸成や意欲の向上が期待できるという。

また、この内容において育成することが考えられる資質・能力として、「自分たちの意見を生かし、主体的に社会参画するために必要なことを理解し、仕方を身に付ける」、「地域・社会の課題を解決するために」「具体的な対策を考え、主体的に実践することができる」、「よりよい地域や社会の生活づくりに参画しようとする態度を養う」ことが挙げられている。

具体的な生徒会活動としては、地域の福祉施設や社会教育施設等でのボランティア活動、文化・スポーツ行事、防災や防犯、交通安全、国際交流などの社会的活動への参加・協力、多様な人々との交流や共同学習などが挙げられている[13]。

4.4 クラブ活動の目標（※小学校のみ）

1. 位置づけと目標

小学校学習指導要領第6章第2〔クラブ活動〕の1「目標」では、以下のと

[12] 『小学校学習指導要領（平成29年告示）解説 特別活動編』 同上、前掲。
[13] 『中学校学習指導要領（平成29年告示）解説・高等学校学習指導要領（平成30年告示）解説 特別活動編』同上、前掲。

おり示されている。

　「異年齢の児童同士で協力し、共通の興味・関心を追求する集団活動の計画を立てて運営することに自主的、実践的に取り組むことを通して、個性の伸長を図りながら、第1の目標に掲げる資質・能力を育成することを目指す。」

　解説によれば、クラブ活動は主に「第4学年以上の児童で組織される学年や学級が異なる動向の児童の集団によって行われる活動」とされる[14]。

　学級・学年を超えて、同好の児童で組織するクラブでの交流、協働、目標の達成をめざす活動とされる。教師側の指導計画に基づき、児童は内容や方法について話し合うことや、具体的な活動計画を立てたり、役割を果たして協力したり、実践したことを振り返って更なる活動の充実を目指したりする自主的、実践的な取り組みである。また、「個性の伸長」とは、興味・関心の自覚や、その将来を見据えた可能性の追求、児童における興味・関心の相互理解や追求の態度を助長する指導の重要性が示されている。

　解説では、クラブ活動において育成される資質・能力として、クラブの集団活動を追求する意義についての理解、活動に必要なことの理解やその仕方を身につけること、課題を見いだし、解決に向けて話し合っての合意・意思形成、また、よりよい人間関係を形成し、身につけたことを現在や将来の生活に活かそうとする態度を挙げている[15]。

２．クラブ活動の内容

　クラブ活動の内容については、小学校学習指導要領第6章の第2〔クラブ活動〕の2「内容」に、「主として第4学年以上の同好の児童をもって組織するクラブ」において、以下1〜3）の「各活動を通して、それぞれの活動の意義及び活動を行う上での必要となることについて理解し、主体的に考えて実践できるよう指導する」とある。

---

[14] 『小学校学習指導要領（平成29年告示）解説　特別活動編』第3章第3節1より。
[15] 同上。

1）クラブの組織づくりとクラブ活動の計画や運営

　小学校指導要領では「児童が活動計画を立て、役割を分担し、協力して運営に当たること」とされている。解説では、具体的にこの活動内容において育成したい資質・能力として、クラブ活動の諸問題に気づいたうえで、活動計画や個性を生かし合える組織、果たすべき役割について考え、話し合い、協力して取り組むことができることが挙げられている[16]。

2）クラブを楽しむ活動

　指導要領では「異なる学年の児童と協力し、創意工夫を生かしながら共通の興味・関心を追求すること」とある。解説では、具体的にこの内容において育成したい資質・能力として、創意工夫を生かした活動の進め方や、果たすべき役割について考え、ともに楽しく協力して取り組んで、よりよい人間関係を形成したりすることが考えられている[17]。

3）クラブの成果の発表

　指導要領では「活動の成果について、クラブの成員の発意・発想を生かし、協力して前項の児童や地域の人々に発表すること」とある。解説では、具体的にこの内容において育成したい資質・能力として、クラブの活動成果に関して発意・発想を生かした発表の仕方、自分の果たすべき役割を考えて、協力して発表することができるようにすることが考えられている。また、具体的な内容としては、活動内容の紹介や作品についての発表、そして、やりがいや喜び、次の活動に向けためあてなどが考えられている[18]。

4.5　中学ならびに高等学校におけるクラブ・部活動

　現行の中学校ならびに高等学校学習指導要領の特別活動においては、クラブ・部活動に関する記載は存在しない。つまり、前節において記述した小学校のクラブ活動が教育課程内の活動である一方で、中学ならびに高等学校に

---

[16] 『小学校学習指導要領（平成 29 年告示）解説　特別活動編』第 3 章第 3 節 2 より。
[17] 同上。
[18] 同上。

おける部活動は教育課程外の活動であり、よって、学習指導要領のなかには明確な目標等が記載されてはいない。

　したがって、中学校ならびに高等学校における部活動は、特別活動に位置づけられているわけではないが、これまでの学習指導要領の変遷を振り返ってみると、クラブ活動を媒介しての関連が深い活動であるといえる。

　かつてクラブ活動は、小・中・高等学校では必修として教育課程内に位置づけられていたが、それが平成元年より中学ならびに高等学校では部活動（教育課程外）に代替することが認められた。よって、この時点から中学ならびに高等学校におけるクラブ活動は必修とはされなくなった。そして、1989年（平成10年）以降には中学・高等学校におけるクラブ活動の、部活動への代替措置が廃止された結果、部活動は完全に教育課程外の活動となったわけである（表4.1参照）。

表4.1　クラブ・部活動の変遷

学習指導要領改訂年次 対象	クラブ・部活動に関する規定・改訂
1968〜1970年　小・中・高等学校	小学校第4年以上の児童が、毎週1時間の活動を行う全員参加の「必修クラブ」が設置され、中・高等学校生徒が毎週1時間の活動を行う「必修クラブ」および教育課程外の「選択クラブ」(=部活動)へ二分化された。
1989年(平成元年)　中・高等学校	部活動への参加をもってクラブ活動の履修に代替できることが示された(部活動代替制度)。
1998年(平成10年)〜1999年(平成11年)　小・中・高等学校	小学校のクラブ活動の時間数の規程が削除され、中・高等学校の部活動の適切な実施を前提として、全面的に必修クラブが廃止された。
2008年(平成20年)〜2009年(平成21年)　小・中・高等学校	小学校のクラブ活動の目標と内容が明示され、異年齢集団の構成が重視された。中・高等学校の総則において、部活動の意義や役割が取り上げられ、教育課程との関連を図るよう求められ、地域や各種団体との連携が重視された。

出典：山口満・安井一郎編著『特別活動と人間形成』学文社、2013年、158頁より抜粋。

　それでは中学校ならびに高等学校における部活動は、学習指導要領のなかにまったく位置づけられていないかというとそうではない。中学校ならびに高等学校学習指導要領第1章総則の第5「学校運営上の留意事項」において、「生徒の自主性、自発的な参加により行われる部活動については、スポーツ

や文化、科学等に親しませ、学習意欲の向上や責任感、連帯感の涵養等、学校教育が目指す資質・能力の育成に資するものであり、学校教育の一環として、教育課程との関連が図られるよう留意すること」とある。ここでは、教育課程外である部活動と教育課程との関連が図られるよう留意するものとして位置づけられると考えられる。

　つまり、部活動は教育課程外ではあるが学校教育活動の一環であり、各学校長が認めた課外活動として、教育的な意義が確認されている。よって、部活動は、クラブ活動とは異なってその活動に拘束的な義務や責任が発生していない自由な教育活動であるため、その目標や内容は各学校・組織・現場によって異なっている。

　例えば、部活動には 1 年を通して各大会・試合、コンクールへの出場、ボランティアなど、一定の節目となるような目標やそれにともなう反省会・振り返りなどのスケジュールが立てられている。そのため、個々の生徒は自分なりの目標や振り返りを通して資質・能力の向上につなげられる。

　また、ある学校では部活動を教育の要とし、その参加を全生徒に働きかける体制を実施しているところや自治体もある。特に運動部を中心に、具体的で明確な目標を掲げ、生徒の学校生活に占める部活動の比重が高くなっているようなケースがこれまでに多く見受けられてきた。

　一方で、部活動の指導が教師の多忙さの一大要因になってきたという認識が社会に広まり、教育行政において部活動の改革が進められた。平成 30 年には「運動部活動の在り方に関する総合的なガイドライン」（スポーツ庁）が発表され、部活動の週休 2 日や 1 日 2 時間程度といった活動の原則が示された。

　以上のことから、中学校ならびに高等学校学習指導要領第 1 章総則第 5〔学校運営上の留意事項〕では、部活動について「学校や地域の実態に応じ、地域の人々の協力、社会教育施設や社会教育関係団体等の各種団体との連携などの運営上の工夫を行い、持続可能な運営体制が整えられるようにする」として、一方的な教師のみにおける業務的な負担としてではなく、広く地域社会やネットワークに分散されることが期待されていると考えられる。

第5章
学校行事と応援活動

キーワード

　学校行事　応援活動　応援団　運動会

　本章では、特別活動のなかから学校行事の領域を取り上げ、各年、児童・生徒にとって最も重要な行事の1つであると考えられる運動会において、応援活動がどのように位置づけられているのか、そのあり方について主に小学校における応援団の指導例を参考に考察していく。そのために、まず学習指導における特別活動の特徴について、その基本的な目標および方向について確認したうえで、学校行事の位置づけを理解することが重要である。そして、学校行事としての運動会を通じた教育・学習目標の達成に向けて不可欠とされる応援活動のあり方ならびに応援団に関する指導の実践事例の指南書から、応援の果たす役割と機能について自分なりに理解できるようになることが目標である。

5.1　学習指導要領と特別活動の特徴

　特別活動の原型とされる 1947 と 1951 年につくられた学習指導要領では、民主主義を浸透させる理念のもと、学校教育の教科学習だけでは得難い自治的・集団的活動の経験を、委員会活動やクラブ活動などを通じて提供してきた。1958 年の文科省告示による学習指導要領から、特別活動も法的拘束力をもつようになったが、特別活動における理論的な説明は見あたらず、自主的な努力を求めるものとして位置づけられていたといえる。そして、1968 年からの第3次改訂でも、全体目標は示しているが内容ごとの目標がないため、

何を教えるのかが明確ではない課題があったといわれる[1]。

　しかし、1977年からの第4次改訂では、小学校から高等学校まで特別活動が一貫して教育課程に位置づけられるようになり、さらに、1989年の第5次改訂からは、特別活動＝学級活動・生徒会活動・クラブ活動・学校行事の4領域に整理された。一方、1998年第6次改訂では、総合的な学習の時間と特別活動との関連や重なり、連携が未解決のまま実施されたといえる[2]。そして、2008年度第7次改訂では、特別活動の中心的な目標として集団活動のなかで自主的、実践的な態度を育むというものになってきた[3]。以後、特別活動の目標には「個性の伸長」（人格の完成）が含まれ、また「全人的な発達を視野に入れた個性化」「社会の一員として望ましい資質や態度を育成する」（＝社会化）といったキャリア教育も含まれるようになっている[4]。

　特別活動の方法的な特徴として、「集団生活、さまざまな集団場面における諸活動に取り組むことを通して」とあるように、「集団」が前面にわたって強調される側面が強い点にある[5]。つまり、集団活動を通して児童・生徒が自己の個性を理解することと同時に、社会における自己の位置づけを理解するといった社会化の目標達成が意図されている。より具体的にいえば、児童・生徒がその集団活動を通じて「自分と出会い」「他者と出会い」、「個性を確かめたり」「表現の仕方を学んだり」、自分を集団のなかにいかに位置づけていくか考える機会を提供するというものである[6]。

　なお、特別活動の潜在的な機能には、児童・生徒の学校教育に対する「主観的意義」づけ、「社会関係資本」の形成、そして児童・生徒集団の「統合」「再構築」といった基盤形成を促す要因がある[7]。特別活動とは、そうした

[1] 趙卿我「特別活動の理論と評価」『愛知教育大学教職キャリアセンター紀要』vol.2、2017年、54頁。
[2] 趙卿我、同上、55頁。
[3] 同上。
[4] 高柳真人「特別活動の歴史とその教育的意義」『びわこ成蹊スポーツ大学研究紀要』第1号、2017年、161頁。
[5] 高柳真人、同上、166-167頁。
[6] 同上。
[7] 山本宏樹「特別活動の潜在的機能—社会関係資本・主観的意義・生徒界秩序—」『東京電機大学総合文化研究』第15号、2017年、100-104頁。

機能を踏まえたうえで「多様な集団活動の体験」を通して、学級・学校内の人間関係を好ましいものにつくり変え」、その過程によって「人間性を育成しようとする教育活動[8]である。つまり、「参画を通して学習環境としての人間関係の改善に取り組み、その過程で取り組む主体の成長を図ろうとするもの」[9]なのである。

5.2　学校行事における応援活動

　日本の学校教育課程のガイドラインである学習指導要領では、諸外国と比較して特別活動や総合的な学習の時間などの教科外活動により重点が置かれており、特にクラブ活動や学校行事といった特別活動にその特質があるといわれてきた。特別活動は「子どもの生活世界と学校生活を結びつけ、日常の経験と知識が有機的に連関し合う学習活動」[10]といわれ、児童・生徒の経験と自主性を重視する経験主義的な価値観を基盤としてきた。ゆえに、特別活動は教育の理念とその理念を基礎にした実践の繰り返しとなっていくが、こうした実践の過程に定式性はないため、絶えず根底に一定の教育理念が明確化されていることが重要な課題となってくる。

　日本の学校での特別活動には、自分たちと同じ学校やクラスの選手たちを集団的に応援する機会を有する学校行事が多く存在するのが一般である。ここでいう学校行事における集団的な応援活動とは、運動部の大会や対校試合のみならず、校内で恒例となっている体育祭などの学校行事の際に行われる児童・生徒の主体的な応援活動を意味している。

　学校における集団的な応援活動は、学習指導要領では特別活動の学校行事等の場面に位置づけることができる。児童・生徒が主体的に関わる主な特別活動には、「学級活動（ホームルーム）」「生徒会（委員会）活動」「学校行事」があるが、このうち学校行事は、例えば入学式や卒業式（＝儀式的行事）、運

---

[8]　遠藤忠「高等学校・特別活動の可能性、問題、課題―個性的存在としての人間を育てる―」『日本特別活動学会紀要』第 27 号、2019 年、1 頁。
[9]　同上。

動会・体育祭（＝健康安全・体育的行事）、文化祭（＝文化的行事）というように類型化されている（文部科学省、2019）。

　健康安全・体育的・文化的行事は、非日常的な時間を通じた祝祭としての意味をもち、開放的な雰囲気のなかで主体性を十分に発揮し、児童・生徒たちが行事そのものを充実したものとして経験することにより、日常から脱却する契機を与えるものであるという[11]。したがって、運動会・体育祭のような学校行事における集団的な応援活動を経験することは、特別活動における学校行事のねらいとしての日常的な学校生活から離れたメタ教育機能を有していると考えられる。

　児童・生徒集団の応援活動による直接的な効果として、所属する学校における集団的同一性の維持や確認が挙げられる。生徒たちがともに試合や競技を観戦して同じ学校に所属する運動部を応援することは、集団の一体感を著しく高め、当該学校の文化的価値や規範などを再生産あるいは創造していくような効果をもつ機会として考えることができる。日常的な学校生活を離れた場所で、活躍する選手の姿と自己を同一化して応援する活動が共通の感情を形成し、同級生との一体感を高め、学校への帰属・愛校心を高めることになる[12]。

　また、さらに日本の諸学校では、応援活動の際には児童・生徒から成る観戦者たちの応援活動をリード・統制する役割を担う応援団とよばれるリーダーたちの集団が組織されることが通例である。これも諸外国の学校における活動ではチアなどを除けばほとんどみられない役割集団であり、もし存在していたとしても、日本の応援団のように大きな役割・機能を担うものではないといえる。

　では、学校における応援団にはいかなる役割を求められているのか。その期待されている役割の一端を理解するために、主に小学校の運動会における

---

[10] 趙卿我、前掲、55頁。

[11] 山口満・安井一郎編『改訂新版　特別活動と人間形成』学文社、2010年、213-218頁。

[12] 丸山富雄「スペクター・スポーツの社会的機能に関する考察」体育社会学研究会『スポーツ参与の社会学』道和書院、1984年、220-223頁。

応援団の組織化とパフォーマンスの指導に関わって出版されている指南書[13]を参照することによって、学校行事における応援活動の教育的な目的や意味を明らかにしていきたい。

5.3　応援活動の指導事例

1．運動会と応援活動

　根本（2008）によれば、運動会とは児童・保護者が楽しみにしている大きな学校行事であることのみならず、地域の行事としても伝統的な催しになっている１つの文化であるとし、そのための演出における教員による応援団の指導の重要性を前提としている[14]。そして、そのための指南の項目として、応援団の組織づくり、応援歌・応援の型の決め方、応援練習の指導法、応援団のマネジメント法、「エール」の指導法、その他の教員の心構え、などについて実践例とともにノウハウが記述されている。

　さらに根本（2011）は、教員の運動会における応援団の指導のみをクローズアップした指南書を出版しており、その目次の見出しは、①応援団の役割、②応援団・運動会への道、③応援団の組織作りと実践、④応援歌の作り方と実践、⑤手拍子・振りつけの作り方と実践、⑥応援団マスコットの作り方と実践、⑦応援団のパフォーマンス、⑧応援団の小道具・衣裳、⑨応援団の隊形・エールの方法、となっており実践例から指導方法がわかりやすく理解できるような事典となっている。よって、これらの応援団指導の指南内容から、応援活動において留意されるべき教育的な目的や意味が反映されていると考えられる点を紹介する。

2．応援団の役割について[15]

　まず、応援団の組織化に際しては、運動会という学校行事を通して、活躍

---

[13]　根本正雄編『応援団指導の全て―てんこ盛り事典』明治図書、2011年。
[14]　根本正雄編『運動会指導のすべて―てんこ盛り事典』明治図書、2008年。
[15]　根本（2011）、10-13頁。

できない児童に活躍の機会・場を与えられるように教員が指導のサポートをする実践例が挙げられている。そして、運動会における応援団の位置づけとして、応援団はあくまでも「脇役」であり「手段」であること、また、目的は「全校児童に応援の仕方を教える」ことであり、そのために生活を大事にして努力することが示されている。なお、応援団の活動（練習と当日）を通じて児童の身につけたい力については、「日常生活を変容」させること、「利他の精神を養うこと」、などが示されている。

３．応援団・運動会への道[16]

　応援団練習の全体構想における留意事項としては、まず過度な練習時間の割りあてを避け、その他の係活動や取り組みを妨げないようにすべきであると抑制している。メンバーが前年度の応援を参考にしながら創意工夫して自分たちで練習を達成していけるために、応援団を「楽しく」「かっこよく」「誇りがもてる」もの＝花形であることが必要とされている。

　そして、運動会本番当日までの３週間における練習の段取り（基本・工夫・習熟）が実践例を用いながら紹介・説明されている。第１週目の基本練習では、各学校で伝統的に行われている応援に用いられる様式（エール交換／応援歌の選定など）であり、第２週目には応援歌やコールなどを工夫しながら作成して練習する段階となる。３週目は、学年ごとに練習を行い、応援の習熟を目指す段階で、最終日に応援パフォーマンス（応援時の演出）練習を指導したうえで、さらに全校応援練習を実施する。

　なお、運動会終了後の応援団の児童に対する教員からの声掛けの指導例も紹介されている。一生懸命活動した児童たちの終了直後の余韻の時間を利用することによって、教員からのねぎらいの言葉とエールをおくることが、より確かで大きな教育効果（それが具体的に何を意味するのか説明されていないが）を与える機会であることが示されている。

---

[16]　根本（2011）、14-25頁。

４．応援団の組織づくりと実践[17]

　この見出しの章には多くの頁数（全145頁中25頁）が充てられており、その内容の重要性がうかがわれる。ここではまず、勤務校の運動会で応援団活動を取り入れる提案の例が紹介されている。

　提案では、①運動会が活気づく（大きな声やふりなどを入れた活動による）、②表現力が育つ（人前で大きな声で伝える・ジェスチャーなどをすることによる）、③団結力が育つ（チーム全体で１つのものを完成させることによる）、④工夫する力が育つ（工夫次第で応援エールが生まれる）、⑤保護者や地域の方に喜んでもらえる（応援合戦は見ても楽しいため）、とする例が挙げられている。

　そして、提案が通り次第、児童に応援団の募集案内をかけるのであるが、その募集条件では、「やる気」のみという自由度の高い方法例が支持されている。これは、応援団の役の選出の事項に「やりたい」という勇気を出した児童にチャンスを与えるための場合と同様の理由であると考えられる。つまり、応援団組織の基本理念はモチベーションの有無にあるということなのだろう。また、応援団の児童に対する指導として、「応援団は応援を教え、全校児童が応援できるようにするのであって、応援団だけが張り切って、ほかの児童は見ているということがないようにすること」や「自分のことばかりでなく、応援全体のことを考えて動くこと」など脇役であるという意識づけの確認が示されている。

　ここでエール交換の意義については、応援合戦と異なり勝つことだけが目的ではないことを低学年の児童にも理解させることができるなど、勝っても負けても全力を出し切るスポーツマンシップの確認の役割が指摘されている。また、運動会終了後の団ごとに行う解団式の意義についても、より大きな一体感や達成感の再確認できる機会となることが紹介されている。ここで教員が改めてその役割活動を賞賛し、それまでのがんばりをほめることがポイントであるとされている。

　さらに、応援団解団後に保護者にも応援団児童がほめられる機会を得るた

---

[17]　根本（2011）、26-51頁。

めの一環として、保護者に送る応援団の子どもの活動を評価する文面内容の
手紙の例示や、終了後に校内に写真とともにその活躍をねぎらう掲示をする
などの実践例が述べられている。

５．応援団のパフォーマンス[18]

　当該章ではまず、応援団のパフォーマンスの概要について説明している。
応援団のパフォーマンスとは「演技」であり、パフォーマンスによって観衆
を楽しませ、惹きつける意味があると説明されている。一般的に何であれイ
ベントでは、その場を盛り上げる役割の人が必要であり、運動会の場合では
応援団 ＝「盛り上げ軍団」であり、その場の観衆を楽しませるための役割を
果たすためのパフォーマンスという位置づけである。

　そのために応援団は、「役者」であることが求められるとし、パフォーマン
スにおける動き方について、所作を大きくすることや動きに緩急をつけるこ
と、全員の動きをそろえることなどにより、観衆に「すごい」という印象を
与えることが留意点として示されている。

　また、応援団のなかでも応援団長とは、「楽団の指揮者」のように応援団と
団員の動きをしかけていかねばならない重要な役割であり、「熱く燃えている
こと」や「大きな声・元気な声を出すこと」、「沈着冷静に望むこと」、「全体
を見通し視野を広く持つこと」が示されている。そして、パフォーマンスの
出来不出来が勝敗を決めるといってもよいくらいとされている。

　そうした運動会における重要な応援団のパフォーマンスの向上のために、
当該章では続いてその内容に関するアイデアとそれに必要な技術、具体的に
全校を巻き込むための演出方法についての実践例とその解説が記述されてい
く。さらに競技中では、競技・競技者が主役であるため、応援団や応援活動
がそれらを妨げないよう応援の注意事項や指導方法が挙げられている。

---

[18]　根本（2011）、92–111 頁。

6．応援団の小道具・衣裳[19]

　当該章では、応援団のパフォーマンスの花形といえる和太鼓の効果の紹介、応援団におけるその担当者の決め方ならびに指導方法、叩き方などの実践例、また、ポンポンやペットボトルを使った応援団用の小道具の作り方から使用・使用上の注意点などを例示している。

　その他にも、応援に用いられる文字盤の効果や使用例が紹介されている。そして、応援団自身を差別化し、かっこよく見せるための衣裳（袴／学ラン／スカートなど）の事例、借用準備の方法、さらに応援団用の鉢巻きや帽子などによって、応援団を差別化する演出に言及している。

7．応援団の隊形・エールの方法[20]

　ここでは団席に対する応援団の隊形について、応援合戦時・各競技時それぞれに関して例示されている。留意点として挙げられているのは、隊形を変化させることや各競技を妨げないような配慮をすること、隊形開始時と終了時でのスピード感の重視など、事前練習の必要性が繰り返し説明されている。

　次に、エール交換については、その重要性として競う相手をお互いに励まし合うことにより児童全体の士気を高めていくねらいが示されている。応援合戦におけるエール交換の場面の実践例（入場方法、かけ声、隊形など）が示されたうえで解説されている。とくに紙面が割かれているのが、隊形図、エール交換時のセリフ、そして踊りのパフォーマンスの振り付けの例示である。ここでさまざまな工夫を凝らしていくことで、運動会全体が大きく盛り上がる可能性に言及しているといえる。

　最後に編者のあとがきには、学校の運動会では来賓や保護者、地域の人々が応援の様子に注目しており、担当教員がそのような期待に応えられる応援団をいかに組織・活動させて運動会を成功に導いていくべきか、このテーマのために当該書籍が存在することが再述されて締めくくられている[21]。

---

[19] 根本（2011）、112-131 頁。
[20] 根本（2011）、132-155 頁。
[21] 根本（2011）、156 頁。

5.4 応援活動の意義と留意点

　さて、小学校の運動会における応援団の意義・役割達成のための教員側の指導のあり方について書かれた指南書を取り上げ、その内容をかいつまんでみてきた。本指南書は、学校行事である運動会の成功のために応援活動をいかに指導するべきか具体的な実践例を紹介しつつ解説するというスタイルで記述されている。しかし、それらのことが学習指導要領の学校行事の目標にどう関連しているのかという視点からのアプローチや言及についてはほぼ見あたらない。

　一方、全体内容を通して強く感じられるのは、まず、運動会において日常的な時間割を離れた祝祭のような時間を、いかに児童が主体性を十分に発揮して充実したものとして経験させることができるのかというテーマに対する具体的なマニュアルとしての性格である。そして、児童たちがともに応援することで集団的な一体感や学校に対する愛着心を高められ、その結果、学校教育の目的とする価値観や規範意識などを児童に教育していく効果をもつ機会としていくような姿勢のあり方である。

　振り返ってみれば、それらを一気に可能とさせるような学校行事の前提条件として、非日常的な時間を通じた祝祭として日常から脱却する契機を与えられるものでなければならないといえる。そうでなければ、特別活動における学校行事のねらいとしての日常的な学校生活から離れたメタ教育機能の効果は得られないであろう。

　特別活動としての学校行事には、体育的行事である運動会だけではなく健康安全行事や文化的行事も位置づけられており、どれもが通常の授業時間・内容とは異なる非日常的な時間を環境として成り立つ学習空間といえる。それらの行事そのものを充実したものにしていくには、児童の開放された感情とともに主体性が発揮されるよう配慮されなければならない。

　そうした領域では、学習指導要領における特別活動の目標を前提としつつも、そのためには時として学校の教育現場における実践のプロセスそのものを第一義として優先して取り組むような柔軟性が求められるといえる。具体

的な方法については当然のことながら、学習目標における順序性や内容に関しても児童の主体性の発揮を最大限に重んじなければならないケースが多発してきたと考えられる。

　そのような学校教育現場の逸脱を生じかねないような状況は、例えば勝敗にこだわる部活動やクラブの指導のあり方、あるいは受験勉強に特化させたカリキュラムの実施など、これまでにもしばしば社会問題として認識されてきた。よって、教科外活動の指導では、個々の教員の学習指導要領における目標の解釈や方向性の適切な認識の姿勢が、絶えず問われ続けられなければならないといえる。

第6章
応援活動と集団の変化

キーワード

応援行為　多文化　凝集力　排他性

　今日のように多文化・多様化した日本の学校では、単一性の高い集団的な枠組みのなかで行われる応援活動によって、逆に生徒たちに不平等や格差の容認、多様性の否定や偏見の形成といった学習効果を与えてしまう可能性がある。本章では、集団的な応援活動にはこれまでの歴史的な伝統文化や環境要因のアドバンテージに基づくものではなく、より系統立てられた調和や実践からの成果に基づく集団的な凝集力が必要であることを考察する。

6.1　特別活動における集団的多様性の課題

1．社会環境の変化と特別活動

　特別活動は、キャリア教育・学級活動・生徒会・クラブ活動・学校行事を含む領域となっており、学校での日常生活全般が対象領域となるため、思想や心理の深部に触れる繊細な側面をあわせもっている。これまでの日本の特別活動は、日本人の集団形成を前提として学習プロセスを踏むことが想定されてきたといってよい。例えば、国旗掲揚、国歌斉唱までもが特別活動の対象とされるようになっており（文部科学省：2019）、特別活動は何らかの目的に応じて集団の統制に流用される可能性をもっている。

　元来、特別活動の実践プロセスには、異質とみなされる児童・生徒の排除が招かれやすい。具体的には、児童・生徒の家族関係や生活水準などの客観的な条件によるものであったり、あるいは精神面などの属性的な要因による

ものである。特に、近年における特別活動の実践には、LGBTQ やグローバル化によるマイノリティの児童・生徒の顕在化に対して留意を要するようになっており、多様性を承認した人間関係・集団形成を前提とした実践に留意が注がれるようになってきた[1]。グローバル化の進展による外国につながりをもつ児童・生徒の増加によって、多文化共生の課題は、特別活動の教育目標において避けられない重要なテーマになったといえる。

　集団活動に際して異質なもの同士の人間関係の構築をいかに扱い指導するか、多様性が承認される特別活動はいかにつくられていくのかは指導者の共通認識となっているといえる。マイノリティの生徒の存在認識を軸に、いかなる生徒自身の存在（＝固有性）も尊重される地平にあることを学ばせ、人間関係の構築・再構築を促し意義あるものにつなげていくことが喫緊の課題である[2]。

　2018 年 3 月の高等学校学習指導要領の改訂では、特別活動の基本は「集団や社会の形成者としての見方・考え方を働かせ」と変化し、個性の伸長に基づくもの（＝学習者主体）となった[3]。ここでいう「個性」とはマイノリティのものではなく、あらゆる個性的存在としての人間性が意味されている。つまり、個性的存在のままで人間関係をはじめとする環境との関わりを通して学んでこそ、自律的行為の主体としての成長が実現し、社会の形成者となることが期待されている。一方で、「個性的存在として共にあるという自他の認識」が前提となって学び取られることがないのであれば、「多様な他者と協働」することも、「合意形成を図ったり」、「主体的に集団や社会に参画」することもその内実は危うくなる[4]。

　以上を念頭に置いたうえで、本章では特別活動における児童・生徒の応援活動の機会を事例として、その意義と排他性について考察する。

---

[1] 杉田真衣「生徒集団における多様性と特別活動」『首都大学東京教職課程紀要』(1)、2017 年、5-7 頁。

[2] 杉田真衣、同上、11 頁。

[3] 遠藤忠「高等学校・特別活動の可能性、問題、課題—個性的存在としての人間を育てる—」『日本特別活動学会紀要』第 27 号、2019 年、4 頁。

[4] 遠藤忠、同上、5 頁。

6.2　応援活動の動機とプロセス

　個々の児童・生徒の応援行為を学校における集合的な応援活動としてみた場合、そこに組織的な意味や社会的な方向づけのプロセスが発生する。普段の学校生活ではあまりなじみのない生徒同士であっても、同じ学校の選手やクラスのチームをともに応援するという活動を通してお互いに親近感を高め合い、集団的な一体感が高められていく。勝利したい・させたいという願望に基づいて生じた集団的な応援は、学校における児童・生徒としての集団的なアイデンティティの形成を促すことになり、それは結果として学校文化に対する適応に他ならない。表面的にはチームの勝利あるいは選手の活躍を祈願するという応援活動が、結果として社会化を強化するといったメタ機能を有することになる。児童・生徒にそのようなパーソナリティが育まれるということは、将来的な社会性や集団に対する自己のあり方に関する素地を形成することにつながる意味で教育効果が高いといえる。

　一方、集団的な応援活動の発生源とはどういうものであるのかを捉えようとする場合、その見解には個人的な応援行為を前提とした集団的な応援活動の成立に至るまでの過程があると考えられる。

　そもそも応援行為は、スポーツ観戦等において観衆を動かす個人的な要因や動機づけがなければ、それが集団的な応援活動にまで発展することは困難である。これに関して丸山（1984）では、スポーツを観戦することによって無意識に選手と自己を同一化するという、個人における人間特有の社会行動が前提にあるという。個々人の「方向づけと信仰の枠組みを求める欲求」（フロム）が、集団的同一性の維持やパーソナリティの空洞化の安定を求める欲求となり、何らかの方向づけと信仰の枠組みの形成として選手と一体化されるというのである[5]。応援行為の動機には、主体性の回復と自我同一性の感覚を可能にするものがあると解釈される。

　これを児童・生徒の立場に置き換えてみると、応援行為とは同じ学校やク

[5] 丸山富雄「スペクター・スポーツの社会的機能に関する考察」体育社会学研究会『スポーツ参与の社会学』道和書院、1984年、220頁。

ラスの選手に自らを同一化し、共感することによって生じる動機を根拠にしている。また、声援などによる応援は、試合中の選手たちに受け止められるという直接あるいは間接的なコミュニケーションの一類型となる。例えば、ここで両者が交換するのは具体的な情報ではなく「がんばってほしい（観衆）／がんばりたい（選手）」という、あくまでも感情レベルでのメッセージの相互交換であり、両者間に理論的な情報のやり取りはほぼ存在しない感覚的なものである（松岡、2013）。

　よってこの場合、すでに個々の児童・生徒は同じ学校やクラスの集団に自分を同一化しつつ、「集団や社会の形成者としての見方・考え方を働かせ」、「自主的、実践的に取り組む」（文部科学省、2019）ことが前提となる。つまり、個性的存在のまま所与の集団の勝利に向けて同調できる状況が構築されていなければならならず、そのうえで個々の児童・生徒において応援のモチベーションが発露可能なレベルにまで到達していなければならない。言いかえれば、非日常的な実践である行事における応援活動とは無関係に、多様性が尊重される集団の人間関係がすでに日常的な学習環境によってある程度構築されていなければならないといえる。

　所与の集団とは、所属する学校であったり学級であったり、なんらかの活動の目的に即して個々の意志とは無関係に与えられた特定の所属集団を意味している。したがって、集団的な応援活動は、児童・生徒個々の当該活動集団における「個性」の認識および承認が得られていない状況のもとの実践であれば、それが目指す教育的な目的の達成とは別物の縁遠いものにもなり得る。

6.3　集団的な応援活動の排他性

　一般的に、集団的な応援活動を担う当該応援集団は、なんらかの特定の共通点を有することによって、応援の動機づけがより高揚されるケースが多い。例えば、オリンピックなどの国際大会であれば国籍や民族であり、野球やサッカーなどの国内の試合であれば出身や居住などによる地理的な要因である。

児童・生徒の集団であれば、大きくは学区などの地域から所属する学校別、そして学年やクラスルームその他に至るまで細分化される。

　日常的な学校生活に基づいて個々の児童・生徒の個性の認識・承認がなされるような学習環境が形成されているほど、そこに齟齬のない集団的な応援活動に向かう動機づけが発生し得る。例えば、クラス内で別れたグループ学習の活動において、グループ別に学習成果を報告し合ってグループごとの評価得点を競うケースなどでは、同じグループメンバー同士が励まし合い応援し合う姿が比較的多くみられよう。

　体育祭などにおけるクラス全体での応援や全校のチームなどでの応援になると、集団規模が大きくなり、日常的には直接コミュニケーションを交わさない人間関係を含む集団単位となってくる。こうした行事のために作られた同じチームであるというだけで直接的な人間関係の存在しない選手等を応援する集団構成は、そこに所属する個々の個性に対する認識や承認を介さず、与えられた全体主義的なアイデンティティや共有認識の枠組みだけを紐帯としている。つまり、そのチーム集団のアイデンティティは曖昧な幻想によって作られたものである。

　よって、当該行事活動のテンションを高めていくための集団的アイデンティティを形成する装置として、何らかの集団づくりに寄与する共有物やイメージ、例えばチームカラー、キャラクター、ユニフォーム、旗、そして集団の共同練習・創造活動への参加が強調されることとなる。そのようにしてつくられた集団構成に基づき個々の応援活動の動機づけが与えられるのが通例であろう。

　しかし、ここで考慮されなければならないのは、個々の児童・生徒における動機づけの格差についてである。与えられた動機づけに反応し、自分のアイデンティティを当該集団に適合させモチベーションを高められる児童・生徒がいる一方、反応に乏しく集団への同一化が困難な児童・生徒が生じてしまうことによって、当該活動に排他性が生じてしまう問題である。いうまでもなく、個々の児童・生徒は身体、文化、性格、価値観、生活史などを通じた個別的存在であり、ゆえに所属集団に同一化して応援行為に至るまでのモ

チベーションが不足、あるいは見いだせない児童・生徒が存在することが自然である。例えば、前述した集団的アイデンティティの形成に用いられる共有物やイメージに共感できない文化をもつケースや、集団活動のコントロールに用いられる年齢や性別、言語などに共通性を持ちえないケースでは、逆に当該集団に対して疎外感を抱く可能性があると考えられる。

6.4　応援活動と集団の凝集力

1.　高等学校における応援の凝集要因

　伝統を有する高等学校では、応援活動に際して集団的な応援をより発展させて応援活動全体をリード、統制しようとする役割を担う応援団が配置されることが多い。応援団の組織形態、役割機能は、各学校における位置づけや応援をともなう行事自体の内容に応じてさまざまであるが、各種行事等において応援活動が盛んな高等学校には、生徒会の委員会などの組織的な位置づけによって応援指導部（応援団）が常設されている学校がある。

　高等学校で応援活動が活発化した歴史的な経緯としては、戦前の学制時に開始された全国中等学校優勝野球大会（現・甲子園大会）における対校試合が契機であったと考えられる[6]。よって、ここでは旧制中学からの歴史を有する高等学校を事例対象としてみるが、そうした応援団を組織している学校としていない学校とが混在し、また現在はないが過去には組織されていたという学校もある。

　例えば、関東1都6県で旧制中学の伝統を有する高等学校全80校のうち、32校（40%）の高等学校に応援団が組織されている（表6.1参照）[7]。しかし、過去に組織されていたという学校も少なくとも6校ほど確認されており、これまでの旧制中学から現在の高等学校までの沿革のなかで、大半の学校で応

---

[6]　金塚基「日本の高等学校応援団の成立と活動に関する一考察」『東京未来大学紀要』第10号、2017年、195頁。

[7]　金塚基「高等学校応援団の儀礼的役割に関する一考察—学校行事との関連を通じて—」日本比較文化学会『比較文化研究』No.123、2016年、26頁。

援団が組織されていたと考えられる[8]。委員会組織や部活として位置づけられる応援団の存続は、生徒会等を通じた生徒たちの意思決定の力だけによるものではなく、特別活動の一環としてそれを維持・指導する学校教員たちのサポートが不可欠である。筆者の対象校に対するヒアリングでは、複数の学校で応援団廃止の危機が過去にあったが、校長をはじめとする学校教員側の尽力によって回避された経緯をもっている[9]。この理由としては、応援団組織の存在が生徒の教育的効果のみならず、同窓会などを含めた学校経営にとっても有用であるという判断が働いているものと考えられる。

表6.1　関東都県別公立高等学校（元旧制中学校）の常設応援団の割合

都／県	常設校数	常設校割合	常設経験校数	全校数
神奈川	2 校	20%		10 校
東京	8 校	36%		22 校
千葉	0 校	0%		13 校
栃木	5 校	56%	有:不明	9 校
埼玉	6 校	86%	有:1 校	7 校
茨城	6 校	60%	有:2 校	10 校
群馬	5 校	56%	有:3 校	9 校
計	32 校	40%		80 校

　事実、日本社会の多方面で活躍している卒業生の存在を把握することは、その学校のブランドや威信を高めることにつながるため、学校経営にとって重要な意味をもっている。ちなみに、伝統的に応援団を組織してきた高等学校の入学難易度はどの学校でも高いため、入学してきた生徒たちにおける当該高等学校生としてのアイデンティティも相対的に高いものであることが察せられる。また、そうであるからこそ応援団員として応援をリードする役割を引き受ける生徒やそれに応える生徒が存在するものと考えられる。つまり、

8) 金塚基「高等学校応援団の儀礼的役割に関する一考察—学校行事との関連を通じて—」日本比較文化学会『比較文化研究』No.123、2016 年、26 頁。
9) 金塚基、同上、30 頁。

そうした高等学校では、長い歴史と高いブランド力をもつ学校の生徒のひとりとしての集団的なアイデンティティが形成されやすく、そのため集団的な応援活動が展開されやすいといえる。

　また、伝統のある高等学校の応援活動を支える環境として無視できないのが、当該学校を取り巻く地域的な要因である。長い歴史をもつ学校が存在する地域は、住民の当該市区町に居住している年月も長くなる傾向があり、例えば 20 年間以上生活している長期居住民人口の割合が相対的に高いことが指摘できる[10]。地方都市部での高齢化による影響のみではなく、生まれ育った後にも同地域で生活しているという成人割合の高い傾向がみられるのである。そのような学校の応援団は、当該地域の各種行事などの校外活動にも引っ張りだこであり、地域文化を支えるシンボル的な扱いを受けているケースもある。もちろん、野球の大会などには学校の生徒や保護者のみならず、多くの地元地域の住民が観戦に来るという。つまり、学校を中心としてそれを介した地域的な共同性の存在をうかがうことができる[11]。

　そして、応援団を有する高等学校として特徴づけられるのが、いわゆる男子校である（であった）点である。学校の生徒にとっては身近な教育環境であり、性別区分によって旧制中学から培われた学校文化の独自性が維持されてきたことは見逃せないであろう。独特な応援団の作法や様式のなかには男女共学の学校文化に馴染まないものもあり、それまでの伝統的な活動の存続・継承が困難となり得る。少子化の影響で共学化した学校も多くなっているが、男子校の文化により踏襲してきた学校が多いと考えられる。

２．凝集要因と社会の変化

　以上のように、組織的に応援団を有するようなテンションの高さで集団的な応援活動を行うことができた高等学校には、社会的な威信や信頼を背景とした高い共同意識・アイデンティティの形成基盤が存在し、当該集団の凝集

---

[10] 「国勢調査（平成 27 年）」（e-stat:政府の統計窓口 https://www.e-stat.go.jp/）より。
[11] 金塚基「地域文化の再生における高等学校応援団の活動の意義に関する一考察」日本学習社会学会『学習社会研究』第 3 号、2019 年、77—79 頁。

力が高められる環境要因があったといってもよいだろう。しかし一方、言いかえればそのことは、排他的な独自の歴史・文化・教育環境の形成基盤を有してきたことによる成果ともいえる。今日のように多文化・多様化が進む日本の学校・学級では、そのような限定された枠組みのなかにおける応援活動には、生徒たちに不平等や格差の容認、多様性の否定や偏見の形成といった学習効果を与えてしまう可能性は否定できない。例えば、近年の外国につながりをもつ高等学校の生徒においては、同級生から日本語が「ヘタ」だと馬鹿にされ、学校から足が遠のいたり、言葉の壁やいじめが原因で中途退学してしまう生徒が多いといわれる[12]。

　あるいは、そうでなくとも情報通信機器類の発達が生徒の日常生活様式を激変させ続けている影響により、生活・行動様式の個別化が進み、集団形成や集団を通じた活動から距離を置きがちな生徒が増え続けている。同じ学校やクラスの生徒であるということで、自然には集団的なアイデンティティが形成され難くなってきており、より個性や個別性が踏まえられたうえでの実質的な活動に裏打ちされた結果としての集団形成を要するようになっている。だとすれば、これまでのような名門校における応援団の活躍も将来的には衰退を余儀なくされることになると考えられる。集団的な応援活動には、これまでの歴史的な伝統文化や環境要因のアドバンテージに基づくものではなく、より系統立てられた調和や実践からの成果に基づく集団的な凝集力が必要とされている。

6.5　おわりに

　特別活動とは、多様な集団活動の体験を通して人間関係を好ましいものにつくり変える過程において、自分の人間性を育成する学習活動といえる。しかし、そうした目的のための前提として、個性的存在としての自己および多様な他者の認識および承認が得られていない実践であれば、目指す教育的な

---

[12] 認定 NPO 法人夢職人「ウェブマガジン『ひみつ基地』」2018 年 11 月号 vol.69、https://children.publishers.fm/article/18812/

目的の達成には縁遠いものとなり得る。

　個々の児童・生徒は身体、文化、性格、価値観、生活史などを通じた個別的存在であり、ゆえに所属集団に同一化して応援行為に至るまでのモチベーションが不足、あるいは見いだせない児童・生徒が存在する。集団的な応援活動のプロセスには、与えられた動機づけに反応し、自分のアイデンティティを当該集団に適合させモチベーションを高められる生徒がいる一方、反応に乏しく集団的な同一化が困難な生徒が生じてしまうことにより当該活動全体に排他性が生じるという問題がある。集団的アイデンティティの形成に用いられる共有物やイメージに共感できない文化をもつケースや、集団活動のコントロールに用いられる年齢や性別、言語などに共通性を持ちえないケースでは、逆に当該集団に対して疎外感を抱く可能性がある。

　組織的に応援団を有するような高さのテンションで集団的な応援活動を行うことができた高等学校には、社会的な威信や信頼を背景とした高い共同意識・アイデンティティの形成基盤が存在し、当該集団の凝集力が高められる環境要因があったといえる。しかし一方では、そのことは排他的な独自の歴史・文化・教育環境の形成基盤を有してきたことによる成果と考えられる。今日のように多文化・多様化した日本の学校では、単一性の高い集団的な枠組みのなかで行われる応援活動によって、逆に生徒たちに不平等や格差の容認、多様性の否定や偏見の形成といった学習効果を与えてしまう可能性がある。

　集団的な応援活動には、これまでの歴史的な伝統文化や環境要因のアドバンテージに基づくものではなく、より系統立てられた調和や実践からの成果に基づく集団的な凝集力が必要といえる。

第7章
地域における高等学校応援団の活動

キーワード
地域行事　地域文化　アイデンティティ

　地域では、学校、自治会、地域の商店街や企業、関連行政などがさまざまな方策や努力によって、住民意識の形成を促すような地域の歴史・文化の継承や創造を工夫している。本章では、地域の主要な施設である学校における生徒の学習を通じた地域活動のあり方について、とくに長期居住民の割合が高く、かつ、歴史・文化を有すると考えられる伝統的な高等学校にある応援団の活動に注目する。そして、それらが当該学校内だけではなく、地域社会に与えている役割や能動的な機能を発揮している様子、さらに、その影響の可能性について考察することを目標とする。

7.1　地域行事と応援団

　これまで、自治体、自治会、地域の学校、商店街や企業などが住民意識を高める地域の歴史・文化の継承や創造機能を担っており、さまざまなしかけや努力が注ぎ込まれてきたといえる。「学習都市構築に向けたガイドライン」においても、「祝祭行事をともなうプロセスを導入し維持する」[1]とあるが、各地域では年間を通じて多くの地域行事が催されてきている。

　活気ある持続発展的な地域社会を創っていくための地域行事の重要性に関しては、藍澤・鈴木・梅田（2000／2002／2004）などによる一連の研究があ

[1]　赤尾勝己「ユネスコにおける「学習都市・地域」構想の展開に関する一考察－国際会議の内容を手がかりに－」『教育科学セミナリー』47号、2016年、13頁。

り、地域文化を活かしながら教育機関が地域社会への参画を促す有効性が示唆されている。とくに学齢期の若年世代にとってみれば、地域行事参加の重要性は、学校外の社会や身近な歴史文化などに対する問題関心を高める良い機会となり、かつ、地域に対するアイデンティティ、当事者意識の形成の出発点となる要因を含んでいる。一方、地域住民においても、学校を通じた生徒とのボランティア活動等の行事や地域連携活動に参加したことにより、地域活動に対する一定の意識の変化と活性化の効果がみられている（藍沢：2000／黒光：2009／時岡：2011）。

　このように、さまざまな学校行事や教科外活動を通じた生徒の地域行事とのかかわりに関する研究報告は多いが、それらは年齢的な要因のためか各種行事における受動的な立ち位置、役割を担うケースを扱ったものが多い。理由としては、地域行事の主催者側が地域の社会教育や生涯学習の一環として運営しているという出発点によるものと考えられる。したがって、ここで生徒側を受益者としてではなく、より能動的な主体として地域にインパクトをもたらすケースを含めた事例の検討が求められている。

　本章では、一定の歴史を有する伝統的な高等学校（＝旧制中学校）の応援団の活動、それらの校内での応援活動のみならず地域等を通じた活動に焦点をあて、応援団が生徒のみならず、保護者や住民を巻き込んだ地域の共同意識やアイデンティティ形成など地域文化の再生にどのようにかかわってきたのか考察する。よって、伝統的な高等学校の応援団の活動について、それらの学校・生徒集団における意味・役割について言及したうえで、地域に与える影響の可能性について検討・考察する。

7.2　高等学校と応援団の活動内容

　日本の高等学校には、自校の選手たちを応援する行動をリードあるいは統制する役割を担う応援団と呼ばれる集団が多くみられるが、これまでに関連する先行研究はほぼ存在していない。高等学校における応援団の組織的位置づけには、各高等学校によりバリエーションがあるが、その類型としては、

部活動として存在するもの、生徒会における各種委員会の1つに位置づけられているもの、それらの両方にまたがっているものがほとんどである。

　彼らは日々、伝統的な演舞の練習とともに、運動部の大会や対外試合での応援をリード・統制するのみならず、校内における体育祭その他における集合的な応援活動のサポート、各種学校行事での演舞披露（学校集会の校歌斉唱、壮行会・文化祭など）を行う。また、学校外でも部活動などの各種スポーツ大会における応援活動、そして地域行事での演舞披露など幅広く活動しているのが通例である（表7.1参照）[2]。

表7.1　伝統校の応援団が参加する主な校内外の活動

校内での活動（内容）	校外での活動（内容）
・各種運動部の壮行会（校歌・応援歌の演舞披露） ・学校説明会（演舞披露） ・文化祭での演目発表会開催（演舞披露） ・大学入試前の決起会（校歌演舞・エール交歓） ・新入生オリエンテーション（校歌指導） ・入学／卒業式（校歌演舞・エール交歓） ・体育祭での応援活動（演舞披露）	・地域のパレード／地元の祭りなどの行事に参加（行進／演舞披露） ・各種運動部の試合時の応援活動（演舞披露） ・合同演舞発表会への参加（演舞披露） ・OB会への参加（演舞披露）

　また、これだけの活動内容を実行する彼らのモチベーションの特徴として共通しているのが、所属する学校生徒の活躍を期待する高い欲求に基づく応援活動やその集団的な応援の統制であり、同時に学校の伝統文化を継承して受け継ぐ役割意識である。自校に対するアイデンティティが強く、それをほかの生徒集団に伝達したいという認識をもっている[3]。一方、当該学校教職員において応援団の評価に共通しているのは、それが欠くことのできない組織であるということであり、そのため、団員の募集が振るわない場合には委員として各学級から選出される経緯が有するケースもある[4]。

　学校の生徒集団における応援活動を1つの儀礼として考えた場合、生徒たちがともに試合を観戦して同じ学校に所属する運動部を応援することは、生

[2] 金塚基「高等学校応援団の儀礼的役割に関する一考察」『比較文化研究』No.123、2016年、26-30頁。
[3] 金塚、同上。

徒集団の一体感を著しく高め、当該学校の文化的価値や規範などを再生産あるいは創造していくような効果をもつ機会として捉えられる。一方、教師、学校運営者としても、学校文化体系の価値・規範を再確認させ、それを強化することによって学級・学校運営を安定化させる機能を確保することになっていく。

　よって、そのような活動に関わる応援団は、学校における集団意識・共同意識といった集団的なアイデンティティを構築するファシリテーターとして機能していると考えられる。つまり、応援団は学校行事など当該学校の伝統文化を伝達するとともに、自校の応援活動を通じて生徒集団のアイデンティティの形成過程に関与する存在といえる。

7.3　応援団と地域との関係

　伝統的な高等学校の応援団は、当該学校の組織として生徒集団の共同意識の形成に即して活動しているのみならず、前述したようにさまざまな地域文化・行事との接点をもった活動を行っているケースが多い。当該地域に長期的に位置した歴史・文化的背景から、各種の地域行事との関わりを築き上げてきた応援団も多いと考えられる。

　なお、甲子園に代表される高校野球の大会では、郷土・地域に根差したアイデンティティに基づいて応援のモチベーションが強められるため、応援団が一定の地域における共同意識の形成に関与してきた可能性は否定できない。例えば、スポーツ観戦を介した広島県人の同郷人的結合の形成について高橋（2005）では、かつての「東洋の魔女」や高校野球からナショナリズムやローカリズムと同様に、故郷を再生するシンボルの 1 つとしてスポーツ観戦が用いられ、大阪の広島県人のアイデンティティを確認する場であったとされる。さらに、広島カープによって「上演された V1 の物語」は、同郷的アイデンティティを持ちえない広島県人ではない人にも、カープを応援することによる情緒的人間関係を通して共感の共同性が作り出され「大衆の孤独」を

---

4) 金塚、同前頁。

和らげる効果があったとされる。

　そして、地域の同郷人的な価値観や地域に対するアイデンティティが創り出される要因には多様なものがあるが、同一地域における長期的な居住環境では、共通の記憶が共感の共同性を作り出し、個人のアイデンティティと密接に関係すると考えられる[5]。当該地域の長期居住民にとっては、その地域とともに人生をおくるなかで、近隣関係を中心とした社会関係を基盤とする地域のアイデンティティが形成されることは自然な流れといえる。SNS などにより生活様式の個別化が進むなかでは必ずしも明確ではないが、一般的に長期的な居住民の存在は、地域文化の維持・継承にとってプラスの要因の 1 つである。

　地域における高等学校応援団の活動に関しても、そうした地域的要因の影響と相互作用していると考えられるような一定の傾向がみられる。そもそも伝統校の応援団の組織率には地域差があり、例えば、関東圏（東京・神奈川・千葉・埼玉・栃木・茨城・群馬）でみた場合、その割合は①埼玉②茨城③群馬・栃木の順で高い[6]。この状況にはさまざまな背景があるとおもわれるが、過去には組織されていたがなくなってしまったという学校も多い。しかし、地域の行事とコラボレーションした活動が目立つような応援団が存在する地域は、地域文化の伝統が保持されているような傾向がみられるのである[7]。

　そこで本書では、かつて伝統校の応援団組織率が 100％であった埼玉県の高等学校応援団に着目し、主にそれらの地域行事における活動を通じた応援団の意義・役割の考察を行う。なお、そのための 1 つの分析方法として、埼玉県の伝統校のなかでも最も長期居住民割合の高い地域に位置する 2 校（松山高等学校／熊谷高等学校）を選出し[8]、以下、当該学校関係者（各応援団長ならびに顧問教員）からのヒアリングを手掛かりとして考察を進める。

---

[5] 成田隆一『「故郷」という物語』、1998 年、4-5 頁。

[6] 金塚、前掲論文、26 頁。

[7] 金塚、同上、26-30 頁。

[8] 「国勢調査（平成 27 年）」（e-stat：政府の統計窓口 https://www.e-stat.go.jp/）より。

7.4　地域における応援団の意味・役割

　旧制中学の前身を有する松山高等学校の応援団は、現在、部活として活動する応援団であるが、その発足は大正期までさかのぼるといわれる。また、熊谷高等学校の応援団も同様に部活となっているが、その発足は戦前の昭和期にさかのぼる長い歴史を有ため、すでに両校は地域の象徴的存在であるといえる。

表7.2　松山高等学校・熊谷高等学校の地域活動スケジュール（年間）

	松山高等学校	熊谷高等学校
4月		・熊谷市よさこい祭り(さくら祭り)にて演技披露
5月	・東松山市グルメイベントのオープニングにて演技披露 ・野球部保護者に対する応援指導	
6月	・東松山市牡丹通り商店会バザール(地域祭り)のオープニングにて演技披露	・熊谷市うちわ祭りにて演技披露 ・熊谷市盆踊り大会にて演技披露
8月	・松山高等学校文化祭期間にて応援団演技披露(一般公開) ・近隣高齢者社会福祉施設にて演技披露	・熊谷高等学校文化祭期間にて応援団演技披露(一般公開) ・近隣高齢者社会福祉施設にて演技披露
9月	・地域ウォーキングイベントにおいて演技披露	
10月	・埼玉県庁仕事始めの式にて演技披露 ・埼玉6校の合同演技披露会(一般公開)に参加	・埼玉県庁仕事始めの式にて演技披露 ・埼玉6校の合同演技披露会(一般公開)に参加
11月		・市民チャリティーウォークイベントの開会式にて演技披露

　学校内での観覧者を中心とした演技披露ではなく、地域住民側からの依頼により実施された演技披露だけの機会をみても、年間を通じてかなり多いといえる（表7.2参照）。これらは、地域の祭りやその他イベントの主催者からの依頼により実施されているものであり、応援団は30分間程度の時間でその学校応援団独自の伝統的な身体動作や発声を基本とした演技の披露を行っている。観衆は地元や近隣からの住民が多いが、応援団の演技を観るために遠

方から来る人たちも増えているという。観衆の規模はイベントの規模や演技する場所などによってばらつきがあるが、いずれにせよ観衆スペースは老若男女の人で埋め尽くされことが通常であり、人気の程がうかがえる。

　実際、地域イベントに参加することを目的として来場するのではなく、応援団の演技を観るためにイベントに参加する住民が大半ではないかともいわれている。つまり、主催者側は、住民の来場者数の増加を目的として地域伝統校の応援団の演技をプログラムに組み込んでいるのである。よって、応援団は地域住民の注目を集めてきただけではなく、各イベントの主催側である市長や市議会議員などからも感謝され、なくてはならない存在になっているといえる。さらに、応援団のいない近隣の自治体からも演技依頼があるが、校内での応援活動や学業上困難で断ったケースもあったという。

　また近年では、県庁の新年の仕事始めの式に埼玉県の伝統校（浦和・熊谷・川越・春日部・松山・不動岡高等学校）の応援団が招かれ、合同演技を披露するようになった。県知事をはじめ職員全員注目されるようにもなったといえるが、こうした外部からの校外活動の依頼が過去5年間で増えつつあるという。そして、地域住民における応援団の人気をあらわしているのが、毎年の学校文化祭における一般公開の演技発表会であり、体育館を埋め尽くす毎年2,000人以上の観衆（その大半は保護者・地域住民）である。ここで2時間半もの演技プログラムが披露された後に、3年生の応援団員は引退し、1・2年生が中心となっていく。

　なお、応援団の活動においては以上のような地域活動が中心なのではなく、あくまでもその中心は学校運動部の応援関係である。例えば、高校野球の試合では、松山高等学校ならびに熊谷高等学校のスタンドは休日等であれば初戦からスタンドが埋まるほど観衆が集い応援に参加する。観衆のなかには同じ学校の生徒も含まれるが、保護者・卒業生や地域住民の数も無視できない。特に松山高等学校の場合、観衆には生徒の数よりもむしろ保護者や地域住民の割合の方が高いという。これは学校生徒・教職員という直接的な関係者ではなく、より広く間接的な関係者への回路をつなげられ観衆にとりこんだ結果とも考えられる。高校野球などの大会試合における応援活動は、当該高等

学校の保護者や地域住民を巻き込んだ応援活動として拡散し、そこで情緒的な感情表現が展開されていく。

　さて、ここで気づくのは、本来、学校生徒の集団意識・共同意識といった集団的なアイデンティティを構築する役割を担う高等学校応援団が、さらに地域住民やその関係者たちの間の橋渡しとして機能し得る可能性である。伝統校とはいえ 1 つの高等学校の組織集団が、地域文化のシンボルとして行事等を通じて、地域住民のアイデンティティ形成に寄与する活動を担う存在なっているのではないだろうか。

7.5　おわりに

　各地域では、学校、自治会、商店街や企業、関連行政などがさまざまな施策や努力によって住民意識を形成する地域の歴史・文化の継承や創造機能を担っている。そこで本章では、学校における生徒たちの学習を通じた地域活動のあり方について、とくに長期居住民の割合が高く、かつ、歴史・文化を有すると考えられる地域の伝統的な高等学校の応援団の地域活動に注目し、その地域社会に与える影響の可能性について考察した。

　選定した 2 つの高等学校応援団における地域関係活動の具体的な内容から、近年の地域社会において彼らはますます不可欠な存在とされており、地域住民の共同意識やアイデンティティの形成過程に関与している可能性が高いことが察せられた。地域住民が地域の伝統文化を代表する行事やイベントに参加することは、住民としてのアイデンティティを高めていくことにつながるが、毎年多くの地域住民の前で演技を披露する応援団は、その街の象徴的な存在（＝シンボル）としての文化的な役割を担っていることになる。少なくとも、本稿で取り上げた 2 校に関する限り、それぞれの応援団の地域活動は地域住民の共同意識の形成を促す活動といえないだろうか。だとすれば、それは地域におけるソーシャル・キャピタルの構築の可能性へとつながっていくものとなるが、それらに関する具体的な調査ならびに地域間の比較を通じた検討については、今後の考察課題としたい。

第8章
高等学校応援団の成立と活動

キーワード

旧制高等学校　旧制中学校　運動部　儀礼　応援様式　役割

　今日のように多文化・多様化した日本の学校では、単一性の高い集団的な枠組みのなかで行われる応援活動によって、逆に生徒たちに不平等や格差の容認、多様性の否定や偏見の形成といった学習効果を与えてしまう可能性がある。本章では、集団的な応援活動にはこれまでの歴史的な伝統文化や環境要因のアドバンテージに基づくものではなく、より系統立てられた調和や実践からの成果に基づく集団的な凝集力が必要であることを考察する。

8.1　学校における応援団の成立と活動

1．学校応援団の成立経緯（明治～昭和初期）

　これまで、高等学校の応援団に関する先行研究は皆無といってよいが、大学を含む高等教育機関の学生応援団に関する断片的な先行研究が存在する。学校応援団の発足としては、旧制高等学校の校友会における運動部の活動の進展と期を一にするといわれている[1]。

　「高等學校令」（1918 年）以降より、昭和初期にかけて旧制高等学校におけるスポーツが進展していった。校友会の支持を基盤とした運動部では、学校内のスポーツ行事にとどまらず、全国的な対校競技会が開催されるようになり、学校行事として独特な伝統行事となっていった。それらの動向は、各校

---

[1] 加賀秀雄・鈴木敏夫「旧制高等学校における応援団の組織化の実相とその歴史的役割について」社団法人日本体育学会『日本体育学会大会号』36、1985 年、85 頁。

における学生・生徒の集団的な連帯感情の形成に大きな役割を果たすこととなったが、同時に、選手を応援するための応援団が、第 1～8 高等学校における応援組織を範型としながら全国の各校で組織化されていったといわれる[2]。

　つまり、校友会の組織化と運動部の校内外における活動によって、1920 年までには各旧制高等学校にて応援団が組織化されたという。当時の応援団には、組織的・規律的な応援活動を通じて集団的な連帯感情を育て、校風の発揚にまで高めていくことが期待されており、それらは校友会の組織でもあったことが理解される。

　また、旧制中学でも明治期における校友会の創設より、同様に校内運動会の開催が盛んになり、校内にとどまらず県下の諸学校間での交流試合などが深められていった様子がうかがわれる[3]。明治の早期以降、中学校が野球や陸上、水泳をはじめ各種の学生スポーツの普及に大きな歴史的役割を果たしてきたことが確認されている。それらの経緯では、諸中学校間の対校試合や対校競技が開催されており、明治期以降には学校年中行事となっていったことが察せられる[4]。

　例えば、旧制水戸中学校（現水戸第一高等学校）の記念誌には、明治 29 年に開催された野球部の栃木県尋常中学校（現宇都宮高等学校）との対校試合において、「両軍の応援団は熱狂し、不測の事態が生じそうになり、引き分けに終わった」との記述がある[5]。大正 4 年に全国中等学校優勝野球大会が開催されるようになったが、大正 12 年に発生した栃木県真岡中学校と茨城県下妻中学校の応援団同士の乱闘騒ぎの結果、当・翌年度の関東大会が県校長会の申し合わせで中止とされたことが記載されている[6]。野球部甲子園初出場（昭和 4 年）に関する記述に、出場のための費用が不足して「応援団の派遣

---

[2] 加賀秀雄・鈴木敏夫、同上。

[3] 秦真人「明治期の旧制中学における運動会の研究（3）―愛知県第一中学校の事例から・その 1」『愛知学泉大学・短期大学紀要』49、2014 年、92 頁。

[4] 田中讓・新野守「大阪へのスポーツ移入とその発展について（第 1 報）―戦前の旧制中学校を窓口として―」『大阪産業大学人間環境論集』13、2014 年、127 頁。

[5] 水戸一高百年史編集委員会『水戸一高百年史』1978 年、170-171 頁。

[6] 水戸一高百年史編集委員会、前掲書、293 頁。

はもとより、生徒たちの行くことはまずなく、わずかにラジオ放送によって知るのみであった」とある[7]。

この頃の具体的な中学校応援団の成立に関する史実として、埼玉県では大正13年に初めて旧制粕壁中学校（現春日部高等学校）に応援団が発足し、続いて大正14年に旧制松山中学校（現松山高等学校）、遅れて昭和17年に旧制熊谷中学校（現熊谷高等学校）にて応援団が発足したといわれる[8]。また、群馬県の旧制中学校においても、昭和10年に旧制前橋中学校（現前橋高等学校）にて応援団が発足したとされる[9]。

なお、昭和4年（1929年）に発行された『全國大學校専門學校中等學校野球部應援歌全集』（盛進堂書店）によれば、紹介されている応援歌全125集のうち、中等学校のものが80集を占めており、大学、高等学校、専門学校を凌ぐ圧倒的な割合を占めている[10]。客観的事実に関する資料は乏しいが、大学・高等学校のみならず当時の中学校にも広く応援団が活動していたことを示唆する状況証拠の1つといえる。

2．戦後の新制高等学校における運動部の発展と応援団

新制高等学校では、昭和30年度の文部省の調査報告[11]によれば学校運動部の数は1校（全日制）あたり平均10.1となっている。そして、同様に運動部員の全校生徒に対する比率は33.8％に達しており、3人に1人以上が運動部に所属しているということになる。また、それらの対外競技への参加回数としては、種別によって差があるが、大体年間平均4〜7回程度になっていた。

1960年代以降、高校生の運動部活動への加入率は上昇の一途をたどっている[12]。なお、学校運動部が大規模化した経緯の社会的要因としては、戦後か

---

7) 水戸一高百年史編集委員会、前掲書、307頁。
8) 熊谷高等学校應援團『第三十九回「日輪の下に」パンフレット』2014年、8-10頁。
9) 群馬四校応援団演技発表会配布パンフレット『平成28年度第9回合同リーダー公開』2016年7月30日。
10) 山口重威『全國大學校専門學校中等學校野球部應援歌全集』盛進堂書店、1929年。
11) 文部省初等中等教育局『昭和30年度調査対外競技・校内競技に関する調査報告』1956年。
12) 中澤篤史「学校運動部活動の戦後史（上）―実態と政策の変遷―」『一橋社会科学』3、2011年、32-34頁。

らの①平等主義に基づく運動部活動の大衆化、②学校教育における非行防止
などの管理主義を原動力とした運動部活動の価値づけ、などがあったといわ
れる[13]。つまり、戦後の学校教育のなかでスポーツが必要とされてきたこと
がわかる。2009 年では、高校生の運動部活動への加入率は約 5 割を占めてお
り[14]、日本のように運動部活動が学校教育の一環としてこれほど大規模に成
立している国はないともいわれるほどになっている。

　水戸第一高等学校の記念誌によれば、昭和 25 年に生徒会の努力によって応
援団が結成され、同時に集めた寄付金で大応援旗が作られたとある[15]。そし
て、昭和 29 年の野球部の北関東大会における桐生高等学校との決勝戦では、
「午後の試合開始を待ちきれない市民や応援団が、午前 10 時ごろからスタン
ドを埋め始めた」とあり、「勝利の瞬間、三塁側応援団席からは紙吹雪が舞い
散り」とある[16]。戦後間もない野球部の試合再開当初から、応援団の活動も
再開されていたことがうかがわれる記述である。

　埼玉県の新制高等学校（旧制中学校）においても、昭和 26 年に浦和高等学
校にて生徒会の承認により応援団が設立され、続いて川越高等学校、不動岡
高等学校においても応援団が編成・組織化されるようになった[17]。また、群
馬県の新制高等学校（旧制中学校）では、昭和 25 年に高崎高等学校にて、当
時の学校長からの要請で生徒会にて応援団が結成されたことが記録されてい
る[18]。続いて昭和 34 年に太田高等学校ならびに桐生高等学校でも応援団が組
織化されて今日に至っている[19]。

　一般的に現在の高等学校応援団は、①部活動・クラブ活動として、②学校
の生徒会における各種委員会活動として、あるいは①②の両面を兼ねた組織
として位置づけられている。高等学校学習指導要領においては、①の場合、

---

[13] 中澤篤史、前掲、58-59 頁。
[14] 林幸克「高等学校における部活動に関する一考察—愛知県内のインターアクトクラブに着目した検討—」『岐阜大学教育学部研究報告人文科学』60(2)、2012 年、179 頁。
[15] 水戸一高百年史編集委員会、前掲書、576 頁。
[16] 水戸一高百年史編集委員会、前掲書、601-602 頁。
[17] 熊谷高等学校應援團『第三十九回「日輪の下に」パンフレット』2014 年、4-6 頁。
[18] 高崎高校応援部 OB 会『高崎高校応援部六十周年誌』2013 年、10 頁。

教育課程上の課程外教育活動として、また、②の場合には特別活動として位置づけられている。

　学習指導要領上の部活動は、紆余曲折を経て教育課程外の活動と位置づけられ、指導要領に一定の規定がない期間が存在したが、平成 21 年告示の高等学校学習指導要領の総則には「生徒の自主的、自発的な参加により行われる部活動については、スポーツや文化および科学等に親しませ、学習意欲の向上や責任感、連帯感の涵養等、学校教育が目指す資質・能力の育成に資するものであり、学校教育の一環として、教育課程との関連が図られるよう留意すること」[20]と記されている。つまり、教育課程外の活動である一方、学校教育の一環に位置づけられている。それらは、義務的なものではなく生徒本人の自主性・主体性を基盤とする活動領域と考えられる。

　また、特別活動には「ホームルーム活動」「生徒会（委員会）活動」「学校行事」があるとされている。例えば、入学式や卒業式（儀式的行事）、運動会・体育祭（健康安全・体育的行事）、文化祭（学芸的行事）は学校行事に含められる。儀式的行事は非日常的な時間を生徒たちに意識させ、厳粛な気持ちで区切り・節目を自覚させる契機となり得るものとされている。一方、健康安全・体育的・学芸的行事は、非日常的な時間を通じた祝祭としての意味をもち、開放的な雰囲気のなかで主体性を十分に発揮し、生徒たちが行事そのものを充実したものとして経験することにより、日常から脱却する契機を与えるものであるといわれてきた[21]。

　いずれにせよ、特別活動における学校行事のねらいには、日常的な学校生活から離れた儀礼としての演出に基づいたメタ教育機能を見いだすことができる。とくに、運動会・体育祭のような学校行事において応援団は一定の役割を担う。よって、当該応援団が組織上どのように位置づけられていようとも、生徒たちの応援活動をコントロールする応援団は、結果として委員会としての一定の活動役割を担っており、かつ、その役割は儀礼的な教育効果の

---

[19]　群馬四校応援団演技発表会配布パンフレット、前掲。

[20]　文部科学省「高等学校学習指導要領第 1 章総則」、2018 年。

[21]　山口満・安井一郎編『改訂新版　特別活動と人間形成』学文社、2010 年、213-218 頁。

達成に影響を及ぼすエージェントとしての役割となりうる。

8.2　高等学校応援団の活動概況とヒアリング

　関東地域圏（1 都 6 県）に範囲を限定し、かつ、戦前の旧制中学校から戦後の新制高等学校に移行した伝統をもつ高等学校数を母集団として、2016 年時点において応援団が通年にわたって組織（＝常設）され継続的に活動している高等学校を調べた結果、各都県によって応援団の活動の有無の割合には差があった[22]。学校内に応援団が組織されている学校が多い順に、埼玉県（86％）、茨城県（60％）、群馬・栃木県（56％）、東京都（36％）、神奈川県（20％）であったが、千葉では存在が確認されなかった。とくに、北関東圏においては過半数以上の割合という高率で組織化されていることがわかった。

　また、ここでさらに北関東圏（栃木・埼玉・茨城・群馬県）において、今日では存在しないが新制高等学校後に常設応援団が存在したことが確認できた高等学校数を経験校として集計してみると[23]、それぞれ埼玉 1 校、茨城 2 校、群馬 3 校が加えられ過去にはさらに高率で組織されていたことがわかった。なお、同じ旧制中学の歴史を有する一方で、このように応援団の有無や存続に関して地域間格差が存在することは、ある意味で興味深い。

　そして、北関東圏全 4 県の常設応援団を組織している対象校のうちから、それぞれ 1 県につき 2 校をサンプリングして全 8 校の訪問ヒアリングを実施した（2016 年 4 月～8 月）。主に考察対象とするヒアリング項目は、①応援団の組織・活動内容、②応援様式・スタイル、③団員の役割意識・動機、④

---

[22]　千葉県教育会『千葉県教育史巻 5』合同出版 654 頁／群馬県教育委員会『群馬県教育史戦後編上巻』251 頁／茨城県教育会『茨城県教育史』93-94 頁／埼玉県教育委員会『埼玉県教育史第五巻』222 頁／栃木県教育史編纂会『栃木県教育史第四巻』／神奈川県立教育センター『神奈川県教育史通史編下巻』129 頁／岡田幸一『東京府立中学』同成社 2004 年、24-25 頁より旧制中学校から移行した高等学校（全 80 校）を抽出したうえで、電話連絡調査によって現在の常設の有無を確認した。

[23]　本庄高等学校『二十一世紀への飛躍　創立七十周年記念』平成 4 年、293 頁／鉾田第一高等学校『鉾田一高とその 60 年』昭和 57 年、366 頁／日立第一高等学校『白堊七十年のあゆ美』平成 9 年、155 頁／藤岡高等学校『藤岡高校八十年史』昭和 50 年、1142 頁／沼田高等学校『沼高百年史・上巻』1997 年、417 頁。

生徒・学校教職員・その他からの評価、についてであり、回答者は応援団長
（副団長）ならびに顧問教員である。

8.3　各応援団の組織・活動内容について

　いずれの学校応援団についても、戦後新制高等学校後間もない時期あるい
は遅くとも 1960 年代頃まで設立され、一定の歴史を有している。組織上は生
徒会の下部組織委員会に位置づけられる応援団が多いが、志願制が維持され
ているのが共通している。団内部の組織としては、顧問教員、団長・副団長
をはじめ旗手、鼓手などの幹部およびその下級生といった役務区分がみられ
ることも共通点である。

　幹部昇格の際の役務決定の方法は、主に現幹部による合議を取ることが多
数であるが、応援団 OB が介入するケースもあった。全団員数には 7〜31 名
と差があるが、団員数的には充実している学校よりも、過去一時期では存続
が危ぶまれる経験をしてきた学校応援団の方が多い。

　現在、31 名と人数が充実しているケースでも、「過去に幹部（3 年生）不在
の時期があった」（埼玉県 K 校応援団）といい、また「志願者がいなくなっ
たために、委員会組織としてクラスごとに選出制度に変更された」（栃木県 K
校応援団）と応援部から応援委員会に組織変更していた経緯をもつケースも
あった。つまり、表向きの組織運営上はしっかりしているが、その人員的な
運営には困難が生じる傾向があるといえる。

　具体的な活動内容として共通しているのは、野球部の試合時での応援だけ
でなく、各種運動部の壮行会における校歌や応援歌を介した演舞披露、そし
て学校説明会における演舞披露である。所属校運動部のパフォーマンスが高
ければ高いほど、応援の機会ならびに壮行会の回数は比例して増加する。同
校の運動部員を事前に励ます応援活動という応援団本来の役割といえる。ま
た、近年は伝統校といえども学校説明会は年数回あり、その回ごとに応援団
が参加するのである。対外的な学校の「顔」となっていることが理解される。

　そして、本ヒアリング対象校の全てではないがほぼ共通している活動とし

て、文化祭における応援団演目発表会の開催、3 年生のセンター試験前の決
起会、あるいは入試に向けた激励会における校歌斉唱の演舞ならびにエール
交歓などがある。文化祭は一般公開されているため、当該学校の保護者をは
じめとする観衆が特に多くなる傾向があるためパンフレットなども作成され、
演目時間も長時間化する傾向がある。これも結果としては当該高等学校の広
報的な役割意義が含まれることになる。また、在学 3 年生を激励するために
果たす応援団の役割は欠かすことのできない伝統行事化していると考えられ
る。

　対外的な広報的意味を含むと考えられる応援団の活動として、対象校全て
に共通してはいないが、複数の学校応援団が担っている活動として地元パレ
ードや祭りへの参加がある。地元駅から学校正門まで応援団を先頭にした団
体で行進するパレード（茨城県 MI 校・埼玉県 F 校）や市の夏祭りのプログ
ラムにて演目披露（埼玉県 K 校）といった地域社会への貢献にもつながる活
動が年間活動に位置づけられている。これらはすでに学校内というよりも、
むしろ地域の伝統行事として認知されている行事となっている。

　なお、学校内における応援団の役割として無視できないのが、新入生オリ
エンテーション時などに行われる校歌練習である。ヒアリング対象校 8 校の
うち 4 校の応援団によって、新入生に対して校歌練習が指導されている。な
かには厳しい校歌指導によって「今年も 3 名の新入生を泣かせてしまった」
（群馬県 T 校）といったケースもあり、その年の団長によるが、一般的に厳
かな雰囲気のなかで指導が実施されている。よって、それ以後の新入生たち
は応援団員（とくに団長）に対して脅威を感じる（埼玉県 K 校）という。校
歌は学校教員側にとっても、教育運営上、最も習得してもらいたいものの 1
つである。それが教員指導ではなく応援団員たちの手によって毎年指導され
ているのである。

　一方、校内行事に際しても大きなものについては応援団が何らかの役割を
担っているケースが多い。例えば、全校生徒による遠距離ハイク（埼玉県 K
校・茨城県 MI 校）やライバル校との伝統的な各種運動部間の定期戦（茨城
県 MT 校・群馬県 T 校）がある。生徒の大多数が参加してがんばらなければ

ならないような行事に応援団として参加し、エールを送ることが役割となっている。これもまた生徒同士がお互いに励ましあう行為を促す効果があると考えられる。

　学校行事としての入学式や卒業式に何らかの活動を行う応援団も多く、そのどちらかあるいは両方に校歌斉唱などの演舞を行う応援団は6校あった。そのうち、とくに卒業式における参加が多く（5校）、形式的な卒業式に流されずに卒業生に実質的な感銘を与えるような効果をもたらす大きな役割を担っていると考えるべきであろう。生徒のみならず教職員の離任式においてエールを送るという学校応援団（茨城県 MI 校）もあった。

　そして、埼玉県および群馬県では旧制中学の伝統をもつ高等学校応援団の合同演技発表会が毎年開催されており、交流を通じてお互いの技量を切磋琢磨しあうような機会が設けられている。しかし、いずれの応援団においても団長を中心とした組織運営体制が長期にわたり口頭伝達により踏襲されおり、文書などによる記録が残されていない。口達や OB の関与によって伝統的な活動内容が再生産されてきたといえる。

8.4　応援様式・スタイルについて

　具体的な活動内容と同様に、応援団の応援様式・スタイルには学校応援団ごとにさまざまな違いがあるが共通性も多い。まず、応援その他行事における服装に関して、ほぼすべての対象校応援団のケースで変形学生服・通常学生服を着用している。ただし、役務によって異なりがあり、幹部とその他の団員とでは区分があることがほとんどで、幹部にのみ変形学生服（長ラン・短ラン）が許され、その他は通常学生服というケースである。なお、幹部のみ羽織・袴・高下駄（群馬県 T 校）、団長のみ羽織・袴・高下駄（栃木県 T校・埼玉県 K 校）といったケースも存在する。これにより、団の組織的な役割区分が視覚化される効果が発生していると考えられる。その他、団によっては鉢巻き（茨城県 MI 校・MT 校・埼玉県 K 校・栃木県 M 校・F 校女子のみ）、また応援団員の腕章を着用しているところも多い。

　あまり役務の区別なく着用しているものとして、応援時の白手（白手袋）もほぼすべての応援団が着用している。その他、団章バッジを常時着用している応援団（埼玉県 K 校・F 校・群馬県 T 校）があることから、応援団内での差別化だけでなく、対外的にも一般生徒と自分たち応援団との区分を意識させるような効果を持つスタイルも存在する。なお、学生服が学校の制服として規定されている応援団では、夏になっても日常の学校生活で冬服を着用し続けなければならないというケース（埼玉県 F 校・群馬県 T 校・M 校）も存在した。

　一方、団員個々人が保持するスタイルだけが応援団を特徴づけているのではなく団全体として特徴的な道具が存在する。すべての団に共通するのが応援時に立てられる応援団旗の存在である。なかでも大団旗と呼ばれる団旗は巨大なものが多く、今回のヒアリング対象校で最大のものは総重量が 80 キログラム、総費用約 200 万円（埼玉県 K 校）であるという。どの対象校の大団旗も旗竿の長さは 6 メートル前後あり、これを野球の試合時などに旗手が必ず持ち続けるものとされる。特殊な装具を着帯して持つのであるが、若干の風が吹いただけでもその重量感は倍増するため、万一に備えて旗手の隣に補助担当がつくのが通例とされているが常に危険をともなっているといえる。しかし、選手たちの目につくことを目的とするため、できるだけ巨大な団旗が必要とされており、神聖化され応援時になくてはならないものとされている。

　つぎに、応援団独特の演舞を中心とする技術に関するヒアリング回答について、本書では実際の演舞を分析対象としていないため、口頭での確認のみにとどめられる。しかし、その動きの規則には共通的な基準と各応援団独自の価値基準とがみられる。

　演舞に必要とされる発声、挨拶、拍手、手足の動かし方などには各学校応援団独自の伝統に基づく、非日常的な動作をともなう型が存在し、そのため 1 年時の団員は習得に必要とされる体の柔軟性、筋力など基礎的トレーニングに長時間を費やす。股関節の柔軟性や下半身の粘り強さ、動作のキレ、速さと溜め、ぶれない体幹の保持といった技量が必要とされているのは、対象

校応援団に共通している価値基準であった。

　全般的に、演舞には独特の美的価値基準が反映されており、リズム、テンポ、エール交歓、応援歌、勝利の拍手、声援などの型の技術は、整備され伝統の型として継承されてきたと考えられる。これは、古来より祭儀から発生したといわれる舞踏の要素である、異次元の空間を醸し霊に近づくために演じられたという原点と重複する要素がある。元来、舞踏をみせる対象は神霊とされていたため、舞踏における美的価値の基準は、人間の日常生活の空間から離脱することを大きな目的の1つとされるなかで追求されてきたといわれる[24]。応援活動における必勝祈願といった願かけが、応援団の演舞における神事としての美の希求につながり、今日の演舞の独特なスタイルが形成されてきたとも考えられる。

　また、このような演舞の非日常的な型には、その訓練のプロセスにも合理性を欠く点が多いことも対象校に共通している。声が潰れやすい発声法が正当なものとされていたり、外観からは識別できないような位置に身体の重心を置くことが求められていたり、練習方法としても一見意味のないような非合理ともいえるトレーニング法が伝統の名のもとに用いられている。これは、応援技術の達成やパフォーマンスの成果そのものが第一義的に目的とされているのではなく、精神性を鍛えるプロセス自体に重きが置かれているからであるという。さらに、日々の運動部員と同等レベルの努力や鍛錬のなかに身を置くことで、応援力が高められるという見解（茨城県 MI 校・栃木県 M 校・埼玉県 K 校）もあった。

8.5　役割意識・動機づけについて

1.　自己認識および自己評価

　応援団員が理解している学校応援団の役割意識とはどのようなものか、その動機づけとなっているものはなにかについて質問した。役割認識として共

---

[24]　森下はるみ「舞踏における動きの美しさ」『バイオメカニズム学会誌』Vol.26、No.3、2002年、132 頁。

通しているのは、第一に、自校運動部の選手のパフォーマンスが高められることを祈願する応援とその観衆の応援を盛り上げる役割である。「チームの勝利に資するために応援する」(埼玉県 K 校)、「その選手に対する応援は、その選手の力となる」(茨城県 MI 校) などといった、応援の効力を信じる意識からくる役割の認識である。

　第二に、ほとんどの学校応援団長からうかがえたものは、学校の伝統・文化を継承して受け継ぐ役割意識である。つまり、前述したように学校行事の演出を行う役割が意識されており、「(応援団を) なくしてはならないような使命感を感じる」(栃木県 T 校)、「伝統を保守したい」(茨城県 MI 校)、「母校に対するアイデンティティを広める」(茨城県 MT 校) といった認識をもっている。

　つぎに、応援団としての活動や日々の練習に対する動機づけについてであるが、学校や所属している団に対する愛着、カッコよさなど他の部活などにも存在するであろう要因を別とした場合に共通するのは、応援活動時にもたらされる至福感や達成感であった。「応援して勝ってくれた時に大きな喜びを感じる」(群馬県 K 校)、「応援の中心となれることに幸せを感じる」(茨城県 MI 校) など、自分と同じ学校の生徒たちの活躍を喜びとするものであり、やはり愛校心や母校に対する強いアイデンティティの存在が感じられる。

　また、日々のつらい練習を支えるモチベーションとしては、応援団は「選手の日頃の練習以上の鍛錬、努力をめざさなければならない」、(埼玉県 K 校)、「自分を鍛えてこそ応援の力が高められる」(茨城県 MI 校)、「日頃の訓練により応援の迫力、威圧感に差が生じてしまう」(栃木県 M 校) という考え方をもっているケースがみられた。なお、当然といえば当然であるが、運動部員から感謝されることや観衆などを喜ばせることができるといった回答はほぼ共通しており、応援という活動自体がなんらかの役割を果たしており、奉仕することに対する喜びを見出している姿がうかがわれる。

2. 生徒・学校教職員・その他による役割認識および評価

　応援団が運動部員から感謝される傾向は前述のとおりだが、その他一般の

生徒からの評価（評判）には微妙な点もある。応援の成果は結果として存在しないのに、日常生活に至る団員の規則の遵守に耐え忍ぶ姿を「不思議がられる」（埼玉県 F 校）、「なにが楽しいのか」（栃木県 T 校・M 校）、「初めの演舞の際、女子生徒に笑われた」（群馬県 K 校）などという回答があった。非日常的な動作や発声のみならず、一般的でない厳しい上下の人間関係などの諸規則が与える印象が、異質なものに感じられていると考えられる。

　一方、応援団に対する当該学校教職員からの評価やまなざしに関するヒアリングの回答で共通したのは、その役割に対する評価の高さである。前述した通り、学校行事の一端を担う教職員からの評価や期待が高いのは予測されたことである。ほぼすべての対象校の顧問教員が、応援団を学校教育において「欠くことのできない組織」と認識している。学校の伝統を生徒たちに伝える役割の大きさが理解されており、「いなくてよいと考える教員は多分いないだろう」（埼玉県 K 校・M 校・F 校／茨城県 MI 校・MT 校）ともいわれるほどである。

　また、応援団 OB と現役応援団とのネットワークが強いことにも留意する必要がある。大半の対象校応援団において、とくに試合期間前や合宿練習において OB による指導を受けている点が目立つ。そうした学外のエネルギーも集積されたうえで、応援団の活動が維持されていることが考えられる。

8.6　おわりに

　近年、学校教育における知識・技術の習得に合理主義的な教育方法が用いられるようになっている一方で、一見、不合理的な伝統文化を継承し続ける高等学校応援団が一定割合で存在することが確認された。しかし、応援団があくまでも学校教育課程における課外教育や特別活動に位置づけられてきたため、応援団内部での活動の継承は口頭伝達が主流であり、各種資料が現存しないため、ヒアリング調査による知見が重要性を帯びてくる。

表 8.1 関東地域都県の高等学校（旧制中学校）における常設応援団の有無

（有＝○ 無＝× 半期程度＝△）

都県	校名	常設の有無	都県	校名	常設の有無
神奈川	県立希望ヶ丘高等学校	×	栃木	県立宇都宮高等学校	○
	県立横浜翠嵐高等学校	×		県立栃木高等学校	○
	県立横浜第三高等学校	×		県立真岡高等学校	○
	県立小田原高等学校	○		県立佐野高等学校	×
	県立厚木高等学校	×		県立大田原高等学校	×
	県立横須賀高等学校	×		県立小山高等学校	×
	県立湘南高等学校	○		県立足利高等学校	×
	県立川崎高等学校	×		県立石橋高等学校	×
	県立秦野高等学校	×		県立今市高等学校	×
東京	都立日比谷高等学校	×	埼玉	県立浦和高等学校	○
	都立立川高等学校	○		県立熊谷高等学校	○
	都立両国高等学校	△		県立川越高等学校	○
	都立戸山高等学校	×		県立春日部高等学校	○
	都立小石川高等学校	×		県立本庄高等学校	×
	都立新宿高等学校	×		県立松山高等学校	○
	都立隅田川高等学校	△		県立不動岡高等学校	○
	都立小山台高等学校	×	茨城	県立水戸第一高等学校	○
	都立北園高等学校	×		県立土浦第一高等学校	○
	都立西高等学校	×		県立下妻第一高等学校	○
	都立江北高等学校	×		県立太田第一高等学校	×
	都立芦花高等学校	×		県立竜ケ崎高等学校	○
	都立豊多摩高等学校	×		県立水海道高等学校	○
	都立石神井高等学校	×		県立鉾田第一高等学校	×
	都立青山高等学校	×		県立日立第一高等学校	×
	都立江戸川高等学校	○		県立堺高等学校	○
	都立日本橋高等学校	×		県立麻生高等学校	×
	都立葛飾野高等学校	△	群馬	県立前橋高等学校	○
	都立国立高等学校	○		県立高崎高等学校	○
	都立大泉高等学校	○		県立富岡高等学校	×
	都立武蔵丘高等学校	○		県立太田高等学校	○
	都立大森高等学校	×		県立藤岡高等学校	×
千葉	県立千葉高等学校	×		県立沼田高等学校	×
	県立佐倉高等学校	×		県立渋川高等学校	○
	県立佐原高等学校	×		県立桐生高等学校	○
	県立大喜多高等学校	×		県立舘林高等学校	×
	県立木更津高等学校	×			
	県立成東高等学校	×			
	県立安房高等学校	×			
	県立長生高等学校	×			
	県立匝瑳高等学校	×			
	県立東葛飾高等学校	×			
	県立長狭高等学校	×			
	県立市原高等学校	×			
	県立船橋高等学校	×			

　本ヒアリングからは、高等学校の応援団には集合的な応援活動のみならず、特別活動など一年間を通じた各種学校行事のなかで、儀礼的な役割を司る集団としての意味・役割の存在が浮かび上がってくるのではないだろうか。動きにくく熱中症を避けられないような衣裳での応援や事故につながりかねない大団旗の掲揚、演舞における非日常的な型の習得などには、単に選手の応援や応援自体を盛り上げるため以上の祈願や儀礼的な演出がこめられていると考えるほうが自然である。

　この点に関しては、さらなる調査ならびに考察を要するといえるが、いずれにせよ、学校応援団の活動には身体化された伝統的技法の継承が存在し、代々受け継がれていくなかで学校の応援および各種行事活動における役割が展開されてきたと考えられる。

　なお、以上は限られたヒアリング対象校からの聞き取りによる考察であり、実際の応援活動の観察に基づく知見ではなく間接的なる言説に基づく。この点に関しては、さらにヒアリング対象校を広げて実際の演舞などを分析することが次の課題となる。

第9章
応援団による演舞とその効果

キーワード

演舞　東京六大学　舞踊　感情評価　印象評価

　本章では、応援団の演舞の身体動作の表現が観衆に与える効果にアプロー
チするための方法として、①演舞の身体動作によって観衆に喚起される感情
の変化を考察することを目的とする。より具体的にいえば、学校応援団の代
表的な演舞の動作が観衆の視覚を通じて感情に変化を与える可能性、つまり、
観衆の感情との関連性のあり方について考察する。さらに、②演舞における
演技者の熟達度の異なりによって、観衆の印象に差異を生じさせるものであ
るのか、身体動作の違いが観衆に与える印象の違いについて考察すること通
じて応援団の演舞のもつ意味・役割を明らかにしたい。

9.1　応援団の演舞と技法の発達

　応援団のあり方が教育界をはじめ各方面から問われたのが、明治36年の野
球の早慶戦時であるとされる。それ以前は一部の有志が扇子を振りかざして
観衆に拍手をさせる程度であったという。しかし、昭和4年ごろになると、
応援の方法にさまざまな工夫が加えられ、次第に派手になり、ショーまがい
の応援であるという批判を招くこともあったという[1]。
　戦後、東京六大学の応援団には復員した学生団員が多かったため、練習な
らびに規律自体は非常に厳しかったといわれる。彼らは、敗戦からの学園の

---

[1]　東京六大学応援団連盟OB会『應援團　六旗の下に：東京六大学応援団連盟36年の歩み』
シュバル、1984年、102-103頁。

復興のためスポーツ行事における応援活動のみならず学園生活秩序の維持や警備などをも目的としていた[2]。団員は、その前提資格として学生との連帯感、信頼関係が重要であり、学内の模範として身を律することが求められていたという[3]。

新制高等学校においても、学生運動の余波を受けた伝統校などでは、校内外における治安を維持するための自警集団的な役割機能が応援団員に求められていた時期があったといわれる[4]。応援団員とは学校内で生徒から一目置かれる存在であったことがうかがわれる。いずれにせよこのような背景から、とくに関東周辺の高等学校の応援団などでは東京六大学応援団による影響を強く受けていたことが理解される。

応援活動において具体的な応援の進行をリードする際に用いられる演舞には、戦前の東京六大学野球応援団の開祖の演舞を原点として、終戦直後から演舞の型が考案されていった。これらは、テクなどと呼ばれ、その技術が競われてきた。リズム、テンポ、エール交歓、応援歌、勝利の拍手、声援などのテクの特徴は、整備され伝統の型として継承されていったのであるが、その代ごとに変質してきた歴史がある[5]。例えば、相撲部出身の団長が相撲の不知火型からつくった「相撲型」（明治大学）や空手部出身の団長がつくった「空手型」（法政大学）、また「歌舞伎型」（東京大学）などそれぞれの学校に型の特徴がみられる[6]。

また、演舞に際しては、服装や小道具のみならず入退場にともなう作法や発声法、姿勢、体の動かし方に至るまで、さまざまな非日常的要因が含められている。これら演舞のパフォーマンスに要求される技術には、応援活動をリードするためにより高い水準が求められ、例えば、姿勢の維持、発声、動作のキレ、スピードなど技の美しさ、長時間の持続が可能な耐久力などの向

---

[2] Gudrun GRAEWE「応援団について—キャンパス・ライフに不可欠の団体か奇妙な遺物か—」『言語文化研究』14(2)、190-192 頁。
[3] 戸田光昭「文献紹介『神戸大学応援団総部の 35 年：60 年安保から阪神大震災まで』」『レコード・マネジメント』36、1998 年、47 頁。
[4] 筆者ヒアリング（2016 年 4 月 30 日於桐生高等学校）による。
[5] 東京六大学応援団連盟 OB 会、前掲書、82-90 頁。
[6] 東京六大学応援団連盟 OB 会、前掲書、91-92 頁。

上を目指した熟達が求められることになる[7]。

　ところで、一般的に舞踊とは古来より祭儀から発生したものであり、異次元の空間を醸し、霊に近づくために演じられたという原点があるとされる。つまり、舞踊をみせる対象が神霊、あるいは神々がのり移った舞踊とされるなど、舞踊における美的価値の基準は、人間の日常生活の空間から離脱することを大きな目的の1つとされるなかで追求されてきたという[8]。日常生活における人間の現実動作と舞踊の動作との間には、その各特徴として大きな隔たりが存在し、そこに舞踊における審美的な価値基準が置かれてきたといえる。

　若松（2000）によれば、現実動作と舞踊の動作とを分離する観念は難しいとしながらも、いくつかの特徴の比較が指摘されている（表9.1参照）。そこでは、現実の動作は目的的であること、その動作に付随する感情を有すること、具体・現実的な意味を有するとしている。一方、舞踊の動作には無用性（無目的性）を有すること、情動反応を基底にもつこと、そして現実世界からの離脱といったミステリアスな性質をもつことが指摘されている。つまり、舞踊の動作として区別される動作には儀礼的効果を有する要因を含んでいると考えられる。

　例えば、日本舞踊における具体的な身体の動きとして常に重んじられる一基準として、まず姿勢の正しさ（手足・腰・背筋・あご・肩・頭にまで至る）が挙げられる。美しい立ち居振る舞いは、正しい姿勢をくずさずに座り立つことが基本とされている[9]。これらは、単に座り立つ動作以外の動作の場合にも保持することが求められる場合もあるため、相当の修行が欠かせない要因となっていると考えられる。

　また、幸泉（2008）では、舞踊の美意識を構成する概念として①踊り手の身体的表現による舞踊を通じた表象のレベル、②踊り手の舞踊と観衆との背後にある共感感情・観念・物語の共有状態のレベル、③踊り手による人間存在の解放および悟りの表現、つまり、通常の現実世界を超越して普遍的なも

---

[7]　東京六大学応援団連盟 OB 会、前掲書、91 96 頁。
[8]　森下はるみ「舞踏における動きの美しさ」『バイオメカニズム学会誌』26(3)、2002 年、132／藤田洋『日本舞踊ハンドブック改訂版』2010 年、8-9 頁。
[9]　花柳千代『実技日本舞踊の基礎』1980 年、26-29 頁、80-81 頁。

のに没入する状態のレベル、が挙げられている。これら 3 つの構成概念のう
ち、とくに儀礼的要因が高いと考えられる概念が③の状態に関する美的基準
であろう。しかし、3 つの状態の構成概念は分離されるものではなく、すべ
ての舞踊の踊り手の完成度が高められることによって、これらの状態におけ
る潜在的なレベルも上昇するといわれる。

表 9.1　現実動作と舞踊の動作の特徴比較

	実際的な目的的動作	動作付随の感情	意味不明な動作はない
現実動作	動作内容の間接性 時間の序列性 効率主義 適合的な空間	日常的個別の感情・動作にともなう無意識的感情・自然な情動の発露・恣意的感情・感情の節約	現実の背景での意味 現実の場所での意味 現実の小道具の意味 現実の人間関係 社会階層に応じた動き
	動作の無用性	情動反応を基底に持つ	ミステリアスな要素を持つ
舞踊動作	動作内容／時間の非序 　列性 装飾的表現の出現 空間枠組みの破壊	構成された感情表現 感情と動作の結合と分離・虚構的・演出的情動 統制的感情 感情を示す	虚構の意味の象徴性 虚構の場所の象徴性 造り物の小道具 虚構の人間関係 神を内包する傾向

引用：若松美黄（2000）より抜粋

　以上のことは、応援団の演舞と無関係ではないと考えられる。応援活動に
おける必勝祈願といった神に対する願かけが、応援団の演舞における神事と
しての美の希求につながり、今日の演舞の独特なスタイルが形成されてきた
と考えられるのである。それらは、前述したように演舞に際しての服装や小
道具のみならず、入退場にともなう作法や発声法、姿勢、体の動かし方に至
るまで、さまざまな非日常的要因が含められていることにあらわれている。
　そうであれば、演舞に要求される技術には、儀礼としての応援活動をリー
ドするためにより高い水準も求められてきたといえるのであり、さらに野球
の 9 回裏まで持続可能な耐久力が求められるため、日頃から技量ならびに体
力の向上を目指した鍛錬が必要となってくるといえる。
　日本舞踊と同様に、高等学校の応援団の演舞においても身体動作の前提と

なる審美的基準には、各学校の応援団の伝統やそれぞれの演舞の種目に応じてさまざまなものが存在している。しかし、最も基本となる動作の価値基準として、動きの速さや止めなどの強弱のキレや正しい姿勢の保持といった共通する基準が存在するといわれる。

　高等学校の応援団の演舞にも、上記の日本舞踊と同様な基準が存在しており、演舞の基本動作中においても身体の軸がぶれずに姿勢が保持されていることが演舞の熟達度として強調・評価されている。つまり、応援団員はそうした価値基準を絶えず念頭に置きながらより良い身体動作を目指して日々の鍛錬に努めていると考えるのが自然である。応援団における演舞が日々の訓練の成果であり、それがなんらかの視覚的な印象の効果を狙っているものである可能性が高いと考えられる。

９.２　演舞動作に対する感情評価の実験

　前章でみてきたように、伝統的な高等学校の応援団は、学校内における応援や行事をリードすることを目的として演舞を披露することのみならず、地域住民などの外部の人々を観衆とした演舞披露を行っており、もはや地域における「芸能活動」を演出する集団の１つになっているといえる。各種地域イベント後に主催者である自治体関係者や観衆から発せられる感謝・感動の言葉は、「元気をもらえた」「勇気や希望が湧いてきた」等といった何らかのモチベーションを喚起させるものであり、彼らの演舞における身体動作表現のスタイルには、高揚感を与えるような一定の感情に対する作用が内在しているとおもわれる。

　これまで日本舞踊などの身体動作が観衆の感情に与える影響について、実演鑑賞やビデオによる映像資料を用いた実験によって報告された初期の先行研究として、生沢・平井（1986）では旋回運動と感情との関係について、また、佐藤（1993）では演舞作品の提示順序と感情伝達との関連が取り上げられている。さらに近年では、阪田・八村・丸茂（2003）、鹿内・八村・澤田（2011）などにより、とくにビデオ映像ならびに点光源映像の技術を用いた実験から、

より鑑賞者における身体動作の認識精度のレベルを高める方法で感情評価の回答が抽出されている。しかし、応援団の演舞という応援時に一般的な身体動作が観衆の感情に及ぼす影響について考察されたケースはこれまでに存在していない。

そこで本節では、応援団の演舞における身体動作の表現が観衆に与える効果にアプローチするための1つの方法として、演舞の身体動作によって観衆に喚起される感情の変化を考察することを目標とする。より具体的にいえば、伝統的な応援団であり、かつ、そのスタイルを維持してきたといわれる学校応援団の演舞の身体動作が観衆の視覚を通じて感情に変化を与える可能性、つまり、観衆の感情との関連性のあり方について考察することにより、応援団の演舞（身体動作）の役割・意味を明らかにしたい。

1. 方法
・対象者

大学生63名（男性30名、女性33名、平均年齢18.71歳（SD＝0.84））が実験に参加した。

・刺激材料

S県立高校の熟達度の高い応援団員1名による無音の演舞（約40秒）を撮影したものを演舞刺激、気分誘導、エネルギー覚醒を生じさせず、動画視聴と同じ条件とするため、空白（ブランク）映像を統制刺激として用いた。

・質問紙

応援団の演舞の観覧による感情の変化を基本感情と感情次元から測定するため、基本感情に基づく尺度として寺崎・古賀・岸本（1992）による多面的感情状態尺度（MMS）の短縮版を用いた。多面的感情状態尺度は、主観的な複数の感情状態が測定可能であるが、応援団の演舞の身体動作と関連があると考えられる「抑鬱・不安」、「活動的快」、「非活動的快」、「集中」、「驚愕」の5つの下位尺度（各5項目）を用いた。

一方、感情次元に基づく尺度として、また、身体動作の観賞を行うことから、実験対象者の身体覚醒感（エネルギッシュであるといった身体の活性化）

との関連から白澤・石田・箱田・原口(1999)による日本語版UMACL(JUMACL)を用いた[10]。日本語版UMACLは「エネルギッシュである」、「活動的である」といったポジティブな覚醒の度合いを表すエネルギー覚醒因子 10 項目と、「緊張している」、「びくびくしている」とったネガティブな覚醒の程度を表す緊張覚醒因子10項目の20項目からなっている。

　なお、白沢ら（1999）の因子分析結果において、負の因子負荷量を示す項目が沈静方向を表すものと考えられたため、逆転項目処理を行わず、エネルギー覚醒（＋）、エネルギー覚醒（－）、緊張覚醒（＋）、緊張覚醒（－）に分け、分析を行うこととした。MMS、UMACL のいずれも（1）全く感じていない、（2）あまり感じていない、（3）少し感じている、（4）はっきり感じている、の4段階評定で用いた。

・手続き

　授業終了後に調査を行った。実験手続きの説明として、数十秒の映像2種類がスクリーンに映し出されること、それぞれの映像についてアンケートに答えてもらうことの説明を行った。説明を理解したことを確認した後、スクリーンに空白のスライドを約40秒提示し、アンケートに回答してもらった。その後、スクリーンに応援団演舞の映像をスクリーンに約40秒提示し、2回目のアンケートに回答してもらい実験は終了した。

２．結果

　はじめに演舞観覧時と空白のスライド観覧時の多面的感情状態尺度とJUMACLの基本統計量を求めた（表9.2 と表9.3）。

　次に演舞の観覧と空白のスライドの観覧とで感情に違いが見られるかを知るため、多面的感情状態尺度の下位尺度でt検定を行った（図9.1 参照）。その結果、「活動的快」において、空白のスライド観覧よりも演舞観覧の方が高く（$t(59) = 6.53$, $p<.001$）、「抑鬱・不安」、「非活動的快」では、空白視聴の方が得点が高かいことが明らかとなった（抑鬱・不安：$t(59) = 5.30$, $p<.001$、

---

[10] 緊張覚醒とエネルギー覚醒の測定が可能で、そのときの気分や感情をチェックするためのリストであり、ケンブリッジ大学グループにより開発された指標である。

非活動的快：t(59) = 7.61, p＜.001)。

表9.2 演舞観覧時と空白のスライド観覧時の多面的感情状態尺度基本統計量

条件	抑鬱・不安		非活動的快		活動的快		集中		驚愕	
	平均	SD	平均	SD	平均	SD	平均	SD	平均	SD
空白	1.95	0.65	2.34	0.81	1.64	0.68	1.78	0.62	1.71	0.75
演舞	1.52	0.57	1.72	0.85	2.45	1.00	1.77	0.62	1.68	0.65

表9.3 演舞観覧時と空白のスライド観覧時のJUMACL 基本統計量

条件	エネルギー覚醒（＋）		エネルギー覚醒（－）		緊張覚醒（＋）		緊張覚醒（－）	
	平均	SD	平均	SD	平均	SD	平均	SD
空白	1.60	0.65	2.44	0.79	1.72	0.68	2.37	0.85
演舞	2.33	1.00	1.97	0.84	1.53	0.55	2.18	0.87

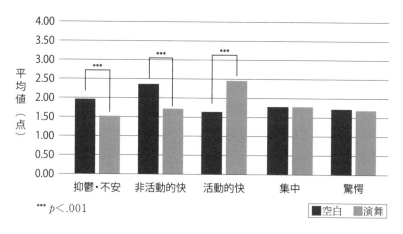

図9.1 演舞観覧時と空白観覧時の多面的感情状態尺度の比較

同様にJUMACLにおいてもt検定を行った（図9.2参照）。その結果、「エネルギー覚醒（＋）」において、空白のスライドの観覧よりも演舞の観覧の方が高く（t(59) = 5.60, p＜.001)、「エネルギー覚醒（-)」、「緊張覚醒（-)」で

は、空白視聴の方が得点が高かいことが明らかとなった（エネルギー覚醒（-）: t(59) = 5.39, p＜.001、緊張覚醒（-）: t(59) = 2.03, p＜.05）。

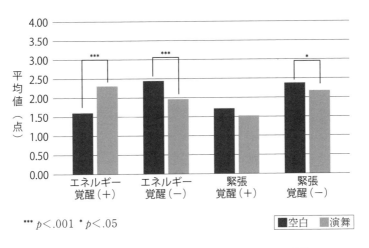

*** p＜.001 * p＜.05

図 9.2　演舞観覧時と空白観覧時の JUMACL の比較

3．考察

　伝統的な高等学校の応援団の演舞は、学校行事やスポーツ大会における学校の生徒集団やその関係者のみならず、地域行事における外部の人々や行政自治体の儀式にまで需要が高められているといえる。近年、学校や地域社会の持続可能な経営を目的として、さまざまな資源が活用されるような社会状況のなかで、応援団の演舞も地域の文化的資源として位置づけられ、伝統芸能の 1 つに捉えられていると考えることができる。

　そうであれば、そこで観衆に向けて披露される演舞の身体動作には、人の感情状態に一定の変化を引き起こす要因が含まれているはずであり、それが応援活動を統制することを目的としたものであれば一定の高揚感やポジティブな感情を喚起させる効果を有すると考えることが自然である。しかしながら、これまで日本の応援団に関する先行研究はほぼ存在せず、ましてや応援団による演舞（身体動作）が、観覧者の感情にどのような影響を及ぼすのかといった先行研究は存在していなかった。したがって本書の実験では、そう

した応援団員で演技が一定レベルに熟達したと考えられている団員の演舞の身体動作を抽出した映像刺激を用いて、感情評価尺度に関するアンケート調査実験を実施した。

　大学の講義室におけるプロジェクター・スクリーンの映像を利用した実験環境という制約された環境下での実験による結果ではあるが、応援団の演舞の刺激映像は、空白のスライド映像との比較においてほぼ想定されたような統計上有意の差異がみられたといえる。

　演舞の身体動作の映像の観覧では、多面的感情状態尺度項目の「活動的快」、覚醒尺度項目の「エネルギー覚醒＋」において、空白のスライド映像の観覧と比較して有意でより高い平均回答得点が抽出された。実験の尺度に用いたUMACL の日本版は 2 次元（エネルギー覚醒および緊張覚醒）であるが、本来、これは感情の構造を 3 次元で説明する立場をとり、快感情の測定が可能とされるべき尺度である。つまり、本結果では演舞の身体動作を観ることによって、感情的には何らかの高揚感やポジティブな感情の上昇状態に変化したことと類似する効果がみられたと解釈することが妥当である。

　一方、多面感情状態尺度項目の「抑鬱・不安」「非活動的快」、覚醒尺度項目の「エネルギー覚醒－」「緊張覚醒－」においては、応援団演舞の身体動作映像よりも空白映像の閲覧において有意でより高い平均回答得点が得られた。これらのことは、空白のスライド映像を観覧しているときの感情状態の方がより静的で高揚感のない状態であり、覚醒レベルが低いことを示していると考えられる。これを前述の「活動的快」ならびに「エネルギー覚醒＋」の結果とも考えあわせてみると、演舞の身体動作の観覧と比較すれば少なくともやる気やポジティブな感情が低められた状態にあるといえる。

　したがって、例えば日常生活で孤立しがちな若者や独り暮らしの高齢者が、地域行事に立ち寄りそこで応援団の演舞を観覧した場合などでは、それがきっかけで気分の高揚や活力が高められるような一定の効果が生じることになるであろう。

　なお、多面感情状態尺度項目の「集中」「驚愕」においては両者の観覧映像による感情状態に差異はみられなかった。これは、意味や状況が与えられて

いない環境での応援団の身体動作の観覧という条件、また、身体動作のみの
シンプルな無音映像であるため生活での身の回りの過激な映像表現に慣れて
いるとおもわれる回答者といった条件による結果と考えられる。

　本書の実験では、大学における昼食休憩を挟んだ午後の授業の直後という
時間帯の状況下で実施されたものであるため、調査対象者である観覧者（受
講生）はそれぞれの講義内容に対する興味・関心・集中度のいかんにかかわ
らず、当初の感情状態における覚醒度は全体として低下している傾向があっ
たと考えられる。そのうえで、空白のスライド映像の観覧後に応援団の演舞
の身体動作の観覧がなされたことを踏まえると、観覧者の感情状態に一定の
高揚感やポジティブな感情変化が生じたと判断することが可能ではないだろ
うか。そうであれば同時に、日々の訓練に勤しむ伝統的な高等学校応援団員
の演舞の身体動作は、より観衆の心に高揚感や躍動感を与えるような感情状
態への導入が意図されたスタイルであることが察せられる。

　また、身体動作の観覧による感情評価をテーマとする数少ない先行研究（例
えば鹿内・八村・澤田）では、全般的なの印象評価項目からなる尺度が用い
られたうえで感情評価が抽出されているが、本研究は身体動作の観覧による
感情覚醒の視点に特化したがゆえに、より客観性が担保されたものであると
いえる。なお、今後の課題となるのは、本実験で得られた特徴的な感情評価
と物理的な身体動作との関係について明らかにすることであろう。

９.３　演舞動作に対する印象評価の実験

　日本舞踊と同様に、高等学校の応援団の演舞においても身体動作の前提と
なる審美的基準には、各学校の応援団の伝統やそれぞれの演舞の種目に応じ
てさまざまなものが存在している。しかし、最も基本となる動作の価値基準
として、動きの速さや止めなどの強弱のキレや正しい姿勢の保持といった共
通する基準が存在するといわれる。

　本印象評価の調査に用いた映像資料における高等学校の応援団の演舞にも、
上記の日本舞踊と同様な基準が存在しており、演舞の基本動作中においても

身体の軸がぶれずに姿勢が保持されていることが演舞の熟達度として強調・評価されている[11]。つまり、応援団員はそうした価値基準を絶えず念頭に置きながらより良い身体動作を目指して日々の鍛錬に努めている。例えば、本執筆者らによる、当該演目の身体動作データをモーションキャプチャーによって収録した先行研究における分析結果では、基本動作の演技部分において装着した頭・首・腰部のセンサーに前後左右等のぶれが熟練度の高い団員においてより少ない傾向があることが明らかとなっている。このことは、応援団における演舞が日々の訓練の成果であり、それがなんらかの視覚的な印象の効果を狙っているものである可能性が高い。

　そこで本節では、応援団の演舞の役割・意義にアプローチするための1つの方法として、演舞の身体動作が観衆に与えうる印象を考察することを目標とする。より具体的にいえば、応援団の目指す演舞の価値基準に対して観衆の印象に変化を与える可能性、つまり、印象との関連性のあり方について考察することにより、応援団の演舞の役割・意義を明らかにしたい。

1．実験方法について

　応援団の演舞の印象を測定するために、松本（1987）によるCheck List②（7領域42語）を用い、あてはまらない（1）、あまりあてはまらない（2）、どちらでもない（3）、ややあてはまる（4）、あてはまる（5）の5件法で回答を求めた。松本（1987）によるCheck List②は、先行舞踊用語研究および舞踊批評用語分類により得られた形容詞、形容動詞を群化し、類語、類縁語にまとめ7領域42語を選定し、その後、選出した7領域に対応する7種類の運動から妥当性の検討を行っている。このことから、応援団の演舞の印象評価に関しても、有効であると考え、採用した。

2．実施の概要

　まず、実験に用いた演舞の映像資料については、一定の伝統を有する高等学校応援団の協力を得て収録したものを用いた。演舞の演目については、前

---

[11] 執筆者によるヒアリング（2017年8月30日、於埼玉県立熊谷高等学校応援団）。

述した執筆者の先行研究にて用いられた演目と同一のもの、つまり、基本となる身体動作の価値判断の基準が最も明確になるといわれる演目を選定し、当該演目を習得したばかりの2年生ならびに1年以上の習得期間を経た3年生の演技を収録して印象評価調査の映像資料とした。アンケートの回答者に対してこれら2つの映像のうちの1つを見せた直後に評価項目に回答してもらい、さらにもう1つの映像を見せた直後に同様の評価項目に回答してもらうという計2段階の方法とした。

　印象評価アンケートの実施にあっては、年齢構成、性別割合、属性集団に配慮したサンプリングを試みた結果、2地点の大学における学生集団を対象に依頼・実施した（表9.4参照）。実施の手順としては、各実施大学の授業直前における当該授業の受講生を対象として、アンケート概要および回答手順の説明等を行った。なお、2年生（映像A）ならびに3年生（映像B）のそれぞれに対する印象評価の回答に偏向が生じることを避けるため、回答の順序パターンをAタイプ（最初に映像Aに対する回答を実施する）ならびにBタイプ（最初に映像Bに対する回答を実施する）に分けた調査票を用い、アンケートの回答集団を等区分した。

表9.4　実施の概要

実施日・場所　：　①2017年10月16日・神奈川県内私立α大学	
②2017年10月17日・東京都内私立β大学	
評価対象映像　：　埼玉県立熊谷高等学校応援団員(2年生1名／3年生1名)による	
演舞(30秒間程度)	
評価回答者　：　各実施場所(授業受講学部学生)	
映像投影方法　：　ビデオプロジェクター(教室前面スクリーンへの投影映像)	
調査票回収数　：　400部	
有効回答数　：　347部	
上記性別数　：　男性142部　女性188部　不明17部	
調査票配布・回収方法　：　調査実施者が実施場所で配布し、その場にて直接回収した。	

３．分析結果

　はじめに、舞踊の印象評価に関する7領域（42項目）に対して、映像A（2年生）の評価、映像B（3年生）の評価の平均値をもとにグラフにしたもの

が図9.3である。図9.3より、映像A（2年生）、映像B（3年生）ともに同じ
ような折れ線を描いており、演舞に対し、同様の印象を抱いていることが考
えられる。

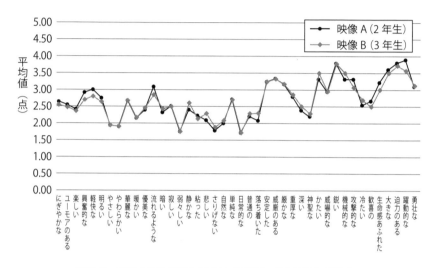

図9.3　舞踊の印象評価に関する42項目の学年別評価平均値

　次に、42項目と7領域の映像別、性別の基本統計量を算出した結果を表9.5
に示す。各領域における印象語群に対する映像ABの平均値に差があらわれ
ているため統計分析の手続きを行う。

　領域ごとに演舞の印象評価が異なるかを検証するため、映像と性別を要因
とする二要因の分散分析を行った（表9.6参照）。その結果、領域1では、映
像の主効果（F(1,324) = 7.06, p<.01）、および映像と性別の交互作用（F(1,324)
= 4.87, p<.05）が有意であった。そこで、下位検定（Bonferroni法）を行っ
たところ、映像の主効果では、映像A（2年生）の方が映像B（3年生）より
も印象評価の平均点が高く（p<.01）、映像と性別の交互作用では女性におい
て映像A（2年生）の方が、映像B（3年生）よりも印象評価の平均点が高い
ことがわかった（p<.001）。

表 9.5　印象評価 7 領域 42 項目の映像別、性別の基本統計量

映像 項目	性別	映像 A（2 年生） 人数	平均値	標準偏差	映像 B（3 年生） 人数	平均値	標準偏差
にぎやかな	男性	141	2.50	1.24	140	2.66	1.30
	女性	186	2.74	1.23	186	2.48	1.17
ユーモアのある	男性	140	2.51	1.28	139	2.48	1.24
	女性	186	2.55	1.28	185	2.50	1.23
楽しい	男性	141	2.36	1.14	140	2.39	1.14
	女性	185	2.46	1.15	185	2.35	1.08
興奮的な	男性	142	2.89	1.39	141	2.76	1.22
	女性	186	2.98	1.30	186	2.68	1.18
軽快な	男性	141	3.09	1.35	140	2.93	1.28
	女性	186	2.91	1.26	186	2.73	1.19
明るい	男性	141	2.64	1.7	137	2.66	1.22
	女性	186	2.82	1.22	185	2.61	1.12
領域 1	男性	142	2.67	0.89	141	2.65	0.89
	女性	186	2.75	0.87	186	2.56	0.79
やさしい	男性	142	2.08	1.07	140	2.10	1.04
	女性	186	1.89	0.98	186	1.86	0.93
やわらかい	男性	141	2.06	1.19	140	2.24	1.17
	女性	186	1.83	1.06	186	1.67	0.94
華麗な	男性	141	2.62	1.25	137	2.61	1.34
	女性	185	2.65	1.24	186	2.77	1.19
暖かい	男性	140	2.25	1.15	140	2.26	1.10
	女性	185	2.10	1.09	182	2.10	0.99
優美な	男性	142	2.35	1.21	141	2.49	1.25
	女性	185	2.45	1.22	185	2.45	1.16
流れるような	男性	137	3.35	1.23	138	3.20	1.24
	女性	185	2.96	1.23	180	2.66	1.25
領域 2	男性	142	2.45	0.80	141	2.48	0.82
	女性	186	2.32	0.80	186	2.25	0.74
暗い	男性	141	2.48	1.37	140	2.44	1.32
	女性	185	2.25	1.14	186	2.41	1.19
寂しい	男性	140	2.88	1.51	139	2.62	1.36
	女性	186	2.29	1.22	185	2.42	1.28
弱々しい	男性	141	1.81	1.11	139	1.93	1.10
	女性	186	1.73	1.00	186	1.61	0.90
静かな	男性	141	2.50	1.50	141	2.56	1.40
	女性	186	2.36	1.29	186	2.66	1.33
粘った	男性	141	2.23	1.18	141	2.18	1.03
	女性	185	2.22	1.21	184	2.11	1.12
悲しい	男性	141	2.21	1.38	141	2.38	1.27
	女性	186	2.02	1.07	186	2.23	1.17
領域 3	男性	142	2.35	0.88	141	2.35	0.82
	女性	186	2.14	0.76	186	2.24	0.70
さりげない	男性	142	1.91	1.07	141	2.06	1.08
	女性	186	1.71	0.90	185	1.74	1.00
自然な	男性	141	2.05	1.09	140	2.19	1.09
	女性	185	2.00	1.04	186	2.00	1.04
単純な	男性	141	2.66	1.31	140	2.75	1.33
	女性	186	2.52	1.28	184	2.71	1.28
日常的な	男性	141	1.77	1.03	141	1.96	1.05
	女性	186	1.72	1.01	186	1.59	0.87
普通の	男性	142	2.30	1.12	141	2.38	1.07
	女性	186	2.17	1.09	185	2.23	1.07
落ち着いた	男性	141	2.17	1.24	140	2.30	1.11
	女性	185	2.05	1.05	185	2.34	1.18
領域 4	男性	142	2.14	0.76	141	2.27	0.70
	女性	186	2.03	0.71	186	2.09	0.66

映像 項目	性別	映像 A（2 年生） 人数	平均値	標準偏差	映像 B（3 年生） 人数	平均値	標準偏差
安定した	男性	140	3.16	1.37	140	3.12	1.31
	女性	184	3.30	1.25	186	3.32	1.34
威厳のある	男性	142	3.09	1.40	140	3.16	1.33
	女性	182	3.53	1.18	185	3.56	1.21
厳かな	男性	140	3.16	1.30	140	3.05	1.25
	女性	184	3.28	1.30	185	3.30	1.31
重厚な	男性	141	2.86	1.25	141	2.88	1.22
	女性	185	2.77	1.14	185	2.87	1.18
深い	男性	139	2.45	1.19	139	2.47	1.19
	女性	185	2.40	1.18	186	2.54	1.13
神聖な	男性	141	2.31	1.25	140	2.20	1.14
	女性	186	2.20	1.16	186	2.35	1.15
領域 5	男性	142	2.85	0.84	141	2.81	0.76
	女性	186	2.91	0.79	186	2.99	0.81
かたい	男性	141	3.31	1.39	140	3.10	1.34
	女性	186	3.40	1.27	186	3.82	1.28
威嚇的な	男性	140	2.72	1.40	139	2.76	1.25
	女性	185	3.18	1.31	186	3.15	1.26
鋭い	男性	142	3.68	1.28	139	3.61	1.30
	女性	186	3.86	1.14	184	3.99	1.14
機械的な	男性	140	3.42	1.34	140	3.35	1.33
	女性	186	3.30	1.25	186	3.66	1.20
攻撃的な	男性	139	3.36	1.35	140	3.06	1.20
	女性	186	3.29	1.29	185	3.16	1.30
冷たい	男性	142	2.56	1.28	141	2.46	1.22
	女性	185	2.58	1.19	186	2.91	1.20
領域 6	男性	142	3.18	0.85	141	3.06	0.91
	女性	186	3.27	0.83	186	3.45	0.82
歓喜の	男性	142	2.55	1.21	141	2.51	1.14
	女性	184	2.71	1.24	186	2.47	1.09
生命感あふれた	男性	140	3.31	1.40	140	3.21	1.33
	女性	186	3.15	1.28	186	2.92	1.22
大きな	男性	140	3.35	1.32	140	3.38	1.35
	女性	186	3.77	1.16	185	3.67	1.12
迫力ある	男性	142	3.60	1.42	138	3.48	1.32
	女性	186	3.91	1.13	185	3.92	1.19
躍動的な	男性	141	3.89	1.18	140	3.59	1.35
	女性	186	3.94	1.06	185	3.61	1.20
勇壮な	男性	140	3.05	1.37	140	2.99	1.31
	女性	186	3.19	1.26	186	3.29	1.14
領域 7	男性	142	3.29	0.90	141	3.19	0.91
	女性	186	3.45	0.85	186	3.31	0.76

表 9.6 領域ごとの二要因（映像×性別）の分散分析結果

領域	映像	性別	映像×性別	多重比較（Bonferroni）		
				映像の主効果	性別の主効果	単純主効果
領域 1	7.06**	0.00	4.87*	映像 A（2 年生）> 映像 B（3 年生）**		女性映像 A（2 年生）> 女性映像 B（3 年生）***
領域 2	0.32	5.62*	1.47		男性＞女性 *	
領域 3	1.83	4.37*	2.03		男性＞女性 *	
領域 4	7.41**	4.55*	0.85	映像 B（3 年生）> 映像 A（2 年生）**	男性＞女性 *	
領域 5	0.30	1.99	3.10 †			女性映像 B（3 年生）> 女性映像 A（2 年生）*
領域 6	0.65	7.72**	12.65***		女性＞男性 **	女性映像 B（3 年生）> 女性映像 A（2 年生）***
領域 7	8.82**	2.67	0.32	映像 A（2 年生）> 映像 B（3 年生）**		

† $p<.10$, * $p<.05$, ** $p<.01$, *** $p<.001$

　同様に、領域 2 から領域 7 に対しても、映像と性別を要因とする二要因分散分析を行った。領域 2 では、映像の主効果（$F(1,324) = 5.62$, $p<.05$）のみ有意であり、下位検定（Bonferroni 法）の結果から男性の方が女性よりも印象評価の平均点が高いことがわかった（$p<.05$）。

　領域 3 も映像の主効果（$F(1,324) = 4.37$, $p<.05$）のみ有意であり、下位検定（Bonferroni 法）の結果から男性の方が女性よりも印象評価の平均点が高いことがわかった（$p<.05$）。

　領域 4 では、映像の主効果（$F(1,324) = 7.41$, $p<.01$）、性別の主効果が有意（$F(1,324) = 3.72$, $p<.01$）であり、下位検定（Bonferroni 法）の結果から、それぞれ映像 B（3 年生）の方が映像 A（2 年生）よりも印象評価の平均点が高いこと（$p<.01$）、男性の方が女性よりも印象評価の平均点が高いことがわかった（$p<.05$）。

　領域 5 では、映像と性別の交互作用にのみ有意傾向（$F(1,324) = 3.10$, $p<.10$）が認められた。そこで、下位検定（Bonferroni 法）を行ったところ、女性において映像 B（3 年生）の方が、映像 A（2 年生）よりも印象評価の平均点が高いことがわかった（$p<.05$）。

　領域 6 では性別の主効果（$F(1,324) = 7.72$, $p<.01$）、映像と性別の交互作用

　（F(1,324) ＝ 12.65, p＜.001）が有意であった。そこで下位検定（Bonferroni 法）を行ったところ、性別の主効果では、女性の方が男性よりも印象評価の平均点が高く（p＜.01）、映像と性別の交互作用では、女性において映像 B（3 年生）の方が、映像 A（2 年生）よりも印象評価の平均点が高いことがわかった（p＜.05）。

　領域 7 では、映像の主効果（F(1,324) ＝ 8.82, p＜.01）のみ有意であり、下位検定（Bonferroni 法）の結果から映像 A（2 年生）の方が映像 B（3 年生）よりも印象評価の平均点が高いことがわかった（p＜.01）。

4．結果の考察

　実施した印象評価調査の回答分析の結果に限っていえば、まず、印象語群の領域 5 および 4・6 に関して熟達度が相対的に高いと考えられる 3 年生の演舞に対する印象評価値の方が、熟達度が相対的に低い 2 年生の演舞に対する印象評価値よりも高い傾向があるといえる。

　これら領域の印象語群は、日常生活において経験されている人間的な印象には乏しい領域と考えらえる。どちらかといえば人間関係を通じて経験されることの希少な印象の経験であるからこそ、そのインパクトを通じて初めて印象が顕在化されるともいえるものである。

　なお、領域 4 の値の高低は演舞の習熟度の差に基づくと考えらえるが、総じてみると、無機的で攻撃的でありつつ、安定、落ち着き、深みの要素が相対的に高いといった、動と静の二面性を有する傾向の結果とも考えられる。

　一方、印象語群の領域 1 および 7 において、相対的に 2 年生の演舞に対する印象評価値の方が 3 年生の演舞に対する印象評価値よりも高い傾向があるといえる。これらの領域の印象評価語群は、人の日常的生活のなかで現実的なものとしてしばしば経験される活動、活気に基づいた動的な印象と考えられるが、人間的な印象でありそこに二面的な要素はほとんどない。

　そもそも、応援団の演舞が集団的な応援活動時に演じられるものであることを踏まえると、生徒たちの応援を鼓舞するものでありながら同時に選手を応援することを目的としているため、常に二面性を有する存在・役割である。

そのためには、単なる元気や活気が良いだけではなく、ミステリアスな儀礼
性を有することが求められ、結果としてそれが演舞のあり方や審美的な価値
基準に影響を与えてきたといえるのではないだろうか。

補章
応援団の演舞動作における熟達と儀礼性

キーワード

演舞　儀礼的要因　熟達　モーションキャプチャー

　本章では、応援団の応援活動において最も特徴的であり、その集団的な応援活動を支える主要素である演舞の身体動作の要因について分析・考察する。そのため、モーションキャプチャーを用いた高等学校応援団員による演舞動作の収録、データの解析を行った。結果として、演舞の基本動作における首ならびに頭の移動量について、相対的に熟練度の高い 3 年生の演舞の基本動作において、2 年生のそれよりも首や頭のブレが少ないことが明らかになった。一組の応援団員による 1 つの演舞演目のみを考察対象としているが、日常の現実的な身体の動作と異なる舞踊の動作と同様に、応援団の演舞における儀礼的な要因が抽出された可能性が高いと考えられる。

補 1　はじめに

　応援の機能に関する代表的な研究といえる高橋（2011）では、「儀礼」の観点から応援を考察した諸先行研究を基軸として、集団的な応援活動を論じている。

　「儀礼」とは、非日常的な形態を通じて最終的に社会的な変化を達成する過程であり、集団的な応援活動にはエンターティメントを超えて、一休感の高揚から社会秩序や社会的価値を浸透・再生産させる機能を背後に含んでいる

ことが前提とされている[1]。つまり、日常生活の繰り返しとは異なる文脈のなかで生成された変化は、日常生活において再文脈化され、当該変化はより確固とした変化として定着・達成されるといったメタ機能を有するとされる。

　生徒たちがともに学校の運動部の試合を観戦して同じ学校に所属する運動部を応援することは、学校集団との一体感を著しく高め、当該学校の文化的価値や規範などを再生産あるいは創造していくような効果をもつ機会として考えることができる。日常的な学校生活を離れた場所で、活躍する選手の姿と自己を同一化して応援する活動が共通の感情を形成し、同級生との一体感を高め、学校への帰属・愛校心を高めることになる[2]。つまり、応援団は、各種の学校行事における儀礼的要因が創出されるために不可欠な非日常性を高める役割、いわば日本独自の学校文化を形成するエージェントとして存在してきた側面をもつといえる。

　そこで本章では、応援団の具体的な応援活動において最も特徴的であり、その集団的な応援活動を支える主要素である演舞の儀礼的役割について考察する。そのために、集団的な応援をリードするにあたり表現される演舞の所作には、舞踊と同じような儀礼的要因が含まれていると仮定したうえで、モーションキャプチャーを用いた実際の演舞動作の収録、データの解析ならびに考察から儀礼的動作の要因を抽出・明らかにすることを目的とする。

補 2　演舞の特質とその技法

　身体動作である舞踊は、古来より祭儀から発生したものであり、異次元の空間を醸し、霊に近づくために演じられたという原点があるとされる。つまり、舞踊をみせる対象が神霊、あるいは神々がのり移った舞踊とされるなど、舞踊における美的価値の基準は、人間の日常生活の空間から離脱することを

---

[1] 高橋豪仁『スポーツ応援文化の社会学』世界思想社、2011 年、8-10 頁。
[2] 丸山富雄「スペクテーター・スポーツの社会的機能に関する考察」体育社会学研究会『スポーツ参与の社会学』道和書院、214-218 頁。

大きな目的の1つとされるなかで追求されてきたといわれる[3]。日常生活における人間の現実動作と舞踊の動作との間には、その各特徴として大きな隔たりが存在し、そこに舞踊における審美的な価値基準が置かれてきたといえる。

若松（2000）によれば、舞踊の動作には無用性（無目的性）を有すること、情動反応を基底にもつこと、そして現実世界からの離脱といったミステリアスな性質をもつことが指摘されている。つまり、舞踊の動作として区別される動作には儀礼的効果を有する要因を含んでいると考えられる。

例えば、日本舞踊における具体的な身体の動きとして常に重んじられる基準として、まず姿勢の正しさ（手足・腰・背筋・あご・肩・頭にまで至る）が挙げられる。美しい立ち居振る舞いは、正しい姿勢をくずさずに座り立つことが基本とされている[4]。これらは、単に座り立つ動作以外の動作の場合にも保持することが求められる場合もあるため、相当の修行が欠かせない要因となっているとも考えられる。

同様に、応援団の演舞では、応援活動における必勝祈願といった神に対する願かけが、応援団の演舞における神事としての美の希求につながり、今日の演舞の独特なスタイルが形成されてきたと考えられる。それらは、例えば演舞に際しての服装や小道具のみならず、入退場にともなう作法や発声法、姿勢、身体の動かし方に至るまで、さまざまな非日常的要因が含められていることにあらわれている。演舞のパフォーマンスに要求される技術には、応援活動をリードするためにより高い水準が求められ、例えば、姿勢の維持、発声、動作のキレ、スピードなどの技の美しさ、そして長時間の持続が可能な耐久力などの向上を目指した熟達が求められる。

本章では、以上のことから応援団の演舞を舞踊一般における儀礼的要因と共通する要因を有すると仮定したうえで、それらが具体的にどのような形態として表出されているのか、高等学校応援団員の協力を得て、実際の演舞に関するヒアリングおよびモーションキャプチャーを用いて映像ならびに数値

---

[3] 森下はるみ「舞踏における動きの美しさ」『バイオメカニズム学会誌』26(3)、2002年、132／藤田洋『日本舞踊ハンドブック改訂版』2010年、8-9頁。
[4] 花柳千代『実技日本舞踊の基礎』1980年、26-29、80-81頁。

データの収集・分析を試みた。

補 3　演舞データの収集と分析

1．調査の概要

・調査の経緯およびヒアリング

　今回の調査対象の選定に際する応援団の条件として、伝統的な応援団としての活動（一定の期間継続する応援団の活動）を有していること、3 年生ならびに 2 年生が団員として存在していることを優先した結果、埼玉県熊谷高等学校応援団員を選定・訪問しデータ収集の協力を依頼した。

　応援団の演舞において前提となる審美的基準には、各学校の応援団の伝統やそれぞれの演舞の種目に応じてさまざまなものがあるという。しかし、基本となる基準として、動きの速さや止めなどの強弱のキレや正しい姿勢の保持といった共通する基準も存在する。つまり、今回の調査対象とした応援団においても日本舞踊と同様な基準が存在しており、演舞の基本動作中においても身体の軸がぶれずに姿勢が保持されていることが演舞の熟達度として強調・評価されている。したがって、本調査においてもそのような基準に着目してモーションキャプチャー映像ならびにデータの整理を行う。

　同一演目の演舞の熟練において相対的に長じる 3 年生の応援団員によるモーションキャプチャーの映像ならびに、相対的に熟練度の低い 2 年生の団員による演舞のモーションキャプチャーの映像を比較する。

・分析方法

　本調査にあたり、データ収集の場として当該高等学校の空調設備のある教室を利用した。ツールであるモーションキャプチャーは「NOITOM PERCEPTION NEURON」（ノイトム社製）ならびに付属分析ソフトを用いた。また、身体各部位に装着するニューロン・センサーは、頭・首・肩・腕・手・臀部・腿・膝・足の計 19 個であった。本章に関係する協力者の応援団員は 3 年生（17 歳・団長）および 2 年生（16 歳・団員）である。なお、性別はとも

に男性で身長は前者が約 185 センチ、後者が役 164 センチである。

　本章でデータ分析の対象とする具体的な演舞における動作は、1 年次から行う応援団の基本動作である（図補 1 参照）。この基本動作は直立した状態で両腕を斜め 45°に伸ばした状態から水平状態に腕を振り、腕を胸元で交叉させた後、前方に両腕を振り下ろす。そして頭の後ろで腕を交叉させた後、両腕を水平に振り下ろすという動作になっている。この際、腕を同じ経路を通って動かすこと、振り下ろした腕が、静止位置できちんと静止することが望ましいことである。また、腕を振り下ろす際、他の身体部位がブレないことが美しい演舞の形であるとのことであった。

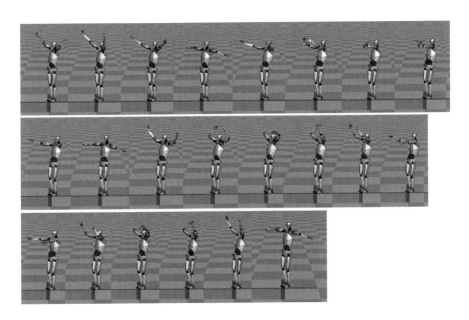

図補 1　熊谷高等学校基本動作の図示

２．分析結果

　習熟状況によって身体のブレが異なるかを見るため、2 年生（1fps〜1506 fps）、3 年生（1fps〜1913fps）の演舞の基本動作実演時の臀部、首、頭の座標位置の計測を行った。初めに、時系列ごとの X 座標、Y 座標の移動量を求め、X 座標、Y 座標よりベクトル距離を求めた。そして、1/10 秒あたりの移動量の総和を見るため、1/10 ごとにベクトル距離の総和を求め、身体のブレの量を求めた。その結果を図示したものが、図補 2〜図補 4 である。図より、3 年生に比べ、2 年生は基本動作における時間が早く、移動量が比較的大きいことがわかる。特に移動量に関しては、首や頭においてその傾向が顕著に見られる。また、3 年生においても身体の移動が見られるが、2 年生に比べその持続時間が短めである。このことから、2 年生では身体の移動量、移動時間が長いことがうかがえる。逆を言えば、3 年生は身体のブレが少なく、身体がブレたとしても、短時間でそのブレが収まっているといえる。

　最後に、基本動作部分における各測定部位の基本統計量を示す。最大値を除くいずれの数値においても、身長データ間に大きな格差があるにも関わらず、3 年生の方が 2 年生に比べ、値が小さいことがわかる。

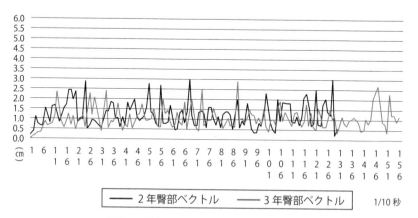

図補 2　臀部における 1/10 秒あたりの移動量

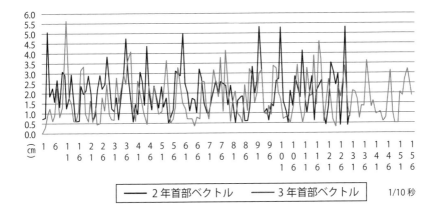

図補3　首部における1/10秒あたりの移動量

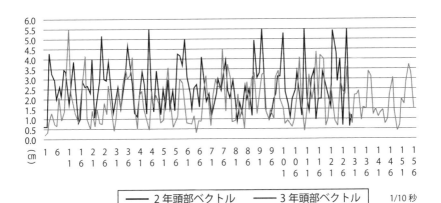

図補4　頭部における1/10秒あたりの移動量

表補2　基本動作部分における各測定部位の基本統計量

測定部位 学年	集中		頭部		首部	
	2年	3年	2年	3年	2年	3年
MEAN	1.269	1.097	2.540	1.819	2.023	1.749
SD	0.605	0.520	1.161	1.075	1.049	1.047
MAX	3.038	2.944	5.477	5.518	5.255	5.602
MIN	0.249	0.088	0.566	0.179	0.429	0.070

補4 考察

　本章は、高等学校教育の応援団を、各学校の集団的な応援活動をともなう行事において儀礼的要因が創出されるために不可欠な非日常性を高める役割を担うエージェントと位置づけたうえで、応援団の具体的な応援活動において最も特徴的であり、その集団的な応援活動を支える主要素である演舞の儀礼的要因について考察した。次に、その演舞の動作のなかにおいて、一般的な舞踊と同様に儀礼的要因が含まれていることを想定しつつ、モーションキャプチャーを用いて高等学校応援団員による具体的な演舞動作の収録を実施し、それらのデータの解析ならびに考察から儀礼的動作の要因を抽出・明らかにすることを目的とした。

　今回は、とくに日本舞踊における基本的な審美基準である正しい姿勢の観点に着目し、同様に、応援団の演舞における正しい姿勢の保持に関するキャプチャ・データの分析を試みた。

　熟練度の高低における比較手法を用いるため、応援団の2年生と3年生による同一演目を通した平面移動の比較（臀部／首部／頭部）を行った結果、演舞の基本動作（前半部分）における首ならびに頭の移動量について、2年生よりも3年生の方が少ないことが判明した。つまり、ヒアリングでの熟達度の尺度に照らし合わせると、相対的に熟練度の高い3年生の演舞の基本動作において、首や頭のブレが少ないということになる。そして、このことは日常の現実的な身体の動作と異なる舞踊の儀礼的要因をともなう動作として捉えることができる。

　なお、本章では応援団の演舞における儀礼的効果を有する可能性のある要因のごく一側面の視点から一組のキャプチャ・データの分析に取り組んだにすぎない。今後の課題として、他のさまざまな要因ならびに視点（速度・角度・重力）、さらに、複数組における異なるタイプの演目のデータを分析することを通じて本テーマを追求していくことが必要であろう。

参考文献

第 1 章

山田昌弘（2004）『希望格差社会』筑摩書房、40 頁。

第 6 章

本章は、拙稿「特別活動における学校行事のあり方に関する一考察―高等学校での集団的な応援活動の意義を通じて―」『東京未来大学研究紀要』14、2020 年、29-36 頁より抜粋・補筆を行ったものである。

第 7 章

藍澤宏・鈴木麻衣子・斎尾直子（2000）「住民の地域社会活動の形成とその展開方法に関する研究」『日本建築学会計画系論文集』第 533 号、89-95 頁。

梅田美鈴・藍澤宏・鈴木麻衣子（2004）「児童の育成における小学校と地域社会の連携のあり方に関する研究―小学校の立場からみた二者の関係と今後の方針」『日本建築学会計画系論文集』第 581 号、25-32 頁。

黒光貴峰（2009）「高等学校における地域との連携に関する研究その 3―実践事例からみた連携の効果―」『鹿児島大学教育学部研究紀要教育学会編』60 巻、93-106 頁。

鈴木麻衣子・藍澤宏・梅田美鈴（2002）「行事にみる地域社会の担い手育成の場に関する研究」『日本建築学会計画系論文集』第 560 号、185-192 頁。

高橋豪仁（2005）「スポーツ観戦を介した同郷人的結合」『スポーツ社会学研究』13 号、69-125 頁。

時岡晴美・大久保智生・平田俊治・福圓良子・江村早紀（2011）「学校支援地域本部事業の取り組み成果にみる学校・地域間関係の再編（その 1）―地域教育力に注目して―」『香川大学教育実践総合研究』22 号、129-138 頁。

本章は、拙著「地域文化の再生における高等学校応援団の活動の意義に関する一考察」『学習社会と学習都市』学事出版、2019 年、72-81 頁より抜粋、補筆したものである。

第 8 章

本章第 1 節は、拙稿「日本の高等学校応援団の成立と活動に関する一考察」
『東京未来大学研究紀要』10、2017 年、193-201 頁、本章第 2 節-第 5 節は、
拙稿「高等学校応援団の儀礼的役割に関する一考察—学校行事との関連を
通じて—」日本比較文化学会『比較文化研究』No.123、2016 年、21-32 頁
よりそれぞれ抜粋・補筆したものである。

第 9 章

Graewe Gudru（2002）応援団について—キャンパス・ライフに不可欠の団体か奇
　　妙な遺物か　立命館言語文化研究 14(2)、187-197 頁。

岩﨑智史・金塚基（2018）高等学校応援団の演舞に対する印象評価に関する研究
　　—演舞の身体動作に対する印象評価調査の分析から—　比較文化研究(130)、
　　187-197 頁。

金塚基（2016）高等学校応援団の儀礼的役割に関する一考察—学校行事との関連
　　を通じて—　比較文化研究（123）、21-32 頁。

金塚基・岩﨑智史（2017）高等学校の応援団の活動に関する研究—演舞における
　　儀礼的要因の分析に向けて—　未来の保育と教育:東京未来大学実習サポート
　　センター紀要(特別号)、 111-118 頁。

幸泉哲紀 (2008)"Dance and Aesthetic Ideals : Dance as Form in Motion Representing,
　　Sharing and Transcending the Realities of Human Existence"　龍谷大学国際社会
　　文化研究所紀要 10、118-128 頁。

国勢調査（2015）e-stat:政府の統計窓口　https://www.e-stat.go.jp/

松岡修造（2013）『応援する力』朝日新聞出版。

生沢あや子・平井タカネ（1986）旋回運動に関する一考察：感情語刺激に伴う即
　　興的舞踊表現から　舞踊學(9)、21-22 頁。

織田弥生・髙野ルリ子・阿部恒之・菊地賢一（2015）感情・覚醒チェックリスト
　　の作成と信頼性・妥当性の検討　心理学研究 85 巻第 6 号、579-589 頁。

阪田真己子・八村広三郎・丸茂祐佳（2003）日本舞踊における身体動作からの感
　　性情報の抽出—ビデオ映像を用いた評価実験—　情報処理学会研究報告人文
　　科学とコンピュータ（CH）、65-72 頁。

佐藤節子（1993）舞踊の感情伝達に関する研究(2)：提示順の違いが及ぼす影響を中心に　埼玉女子短期大学研究紀要 4、53-79 頁。

鹿内菜穂・八村広三郎・澤田美砂子（2011）舞踊の感情表現における感性情報の評価－ビデオ映像と点光源映像を用いた主観的評価実験－　研究報告人文科学とコンピュータ（CH）92(2)、1-8 頁。

高橋豪仁（2011）『スポーツ応援文化の社会学』世界思想社。

寺崎正治・岸本陽一・古賀愛人（1992）多面的感情状態尺度の作成　心理学研究 62(6)、350-356 頁。

白澤早苗・石田多由美・箱田裕司・原口雅浩（1999）記憶検索に及ぼすエネルギー覚醒の効果　基礎心理学研究 17、93-99 頁。

若松美黄（2000）「現実動作と美的動作・舞踊」『舞踊學』78-79 頁。

本章第 2 節は、岩﨑智史・金塚基「高等学校応援団の演舞に対する感情評価の研究 ―演舞の身体動作に対する感情評価の分析から―」モチベーション研究所報告書『モチベーション研究』No.8、2019 年、41-47 頁、本章第 3 節は、岩﨑智史・金塚基「高等学校応援団の演舞に対する印象評価に関する研究 ―演舞の身体動作に対する印象評価調査の分析から―」日本比較文化学会『比較文化研究』No.130、2018 年、187-197 頁よりそれぞれ抜粋・補筆したものである。

補章

高橋豪仁（2011）『スポーツ応援文化の社会学』世界思想社。

山口満・安井一郎編（2010）『改訂新版　特別活動と人間形成』学文社。

若松美黄（2000）「現実動作と美的動作・舞踊」『舞踊學』78-79 頁。

本章は、岩﨑智史・金塚基「高等学校の応援団の活動に関する研究― 演舞における儀礼的要因の分析に向けて―」東京未来大学実習サポートセンター紀要『未来の保育と教育』特別号、 2017 年、111-118 頁から抜粋したものである。

索 引

著者略歴

金塚 基（かなつか もとい）

東京未来大学 モチベーション行動科学部准教授、博士（教育学）、
早稲田大学大学院教育学研究科博士課程退学。
主な業績に、「応援歌の教育的意義に関する研究 ―学校野球部の
応援歌の分析から―」日本比較文化学会『比較文化研究』No. 130、
2018 年）など

2021 年 4 月 9 日　　　　　　　　初 版　第 1 刷発行

初等・中等教育と特別活動
― 学校における応援活動 ―

著　者　金塚 基　©2021
発行者　橋本 豪夫
発行所　ムイスリ出版株式会社

〒169-0073
東京都新宿区百人町 1-12-18
Tel.03-3362-9241(代表)　Fax.03-3362-9145
振替 00110-2-102907

ISBN978-4-89641-303-8　C3037